U0579290

数据驱动下
企业智能化管理会计平台研究

李成勇 ◉ 主编

 辽宁大学出版社　沈阳
Liaoning University Press

图书在版编目（CIP）数据

数据驱动下企业智能化管理会计平台研究/李成勇

主编. --沈阳：辽宁大学出版社，2024. 12. --ISBN

978-7-5698-1921-2

Ⅰ. F275.2-39

中国国家版本馆 CIP 数据核字第 202469P1E0 号

数据驱动下企业智能化管理会计平台研究

SHUJU QUDONG XIA QIYE ZHINENGHUA GUANLI KUAIJI PINGTAI YANJIU

出 版 者：辽宁大学出版社有限责任公司

（地址：沈阳市皇姑区崇山中路 66 号　　邮政编码：110036）

印 刷 者：沈阳文彩印务有限公司

发 行 者：辽宁大学出版社有限责任公司

幅面尺寸：170mm×240mm

印　　张：10

字　　数：116 千字

出版时间：2025 年 5 月第 1 版

印刷时间：2025 年 5 月第 1 次印刷

责任编辑：李振宇

封面设计：韩　实

责任校对：张宛初

书　　号：ISBN 978-7-5698-1921-2

定　　价：48.00 元

联系电话：024-86864613

邮购热线：024-86830665

网　　址：http://press.lnu.edu.cn

前　言

在数字化时代的大潮中，企业面临着前所未有的机遇与挑战。随着大数据、云计算、人工智能等技术的飞速发展，数据已成为企业核心竞争力的关键要素。管理会计，作为企业管理的重要组成部分，其智能化转型已成为企业提升经营效率、优化资源配置、提高市场竞争力的必由之路。数据驱动下企业智能化管理会计平台的研究，正是顺应这一时代趋势、探索如何利用海量数据资源、赋能企业管理会计、实现提质增效的重要课题。

传统的管理会计平台往往依赖于有限的数据样本和人工干预，难以全面、实时地反映企业运营状况，也无法有效支撑复杂多变的商业决策。而数据驱动下的智能化管理会计平台，则能够通过先进的数据分析和自动化技术，实现对海量数据的深度挖掘与分析，为企业提供更加精准、实时的财务信息和决策支持。这不仅有助于企业优化成本管理、提高运营效率，还能提高企业的市场敏感度和抗风险能力，推动企业向高质量发展迈进。基于此，本书就数据驱动下企业智能化管理会计平台展开深入研究。

本书共分为八章，系统性地阐述了智能化管理会计的理论基础、技术支撑、平台构建、实际应用以及未来趋势。

第一章为企业智能化管理会计概述，首先定义了智能化管理会计的概念与特点，随后强调了数据驱动在管理会计中的重要性，并对当前企业智能化管理会计的发展现状进行了全面梳理。

第二章为数据驱动与管理会计的融合基础，深入分析了大数据与云计算技术如何为智能化管理会计提供支撑，以及数据挖掘与分析技术在管理会计中的具体应用。

第三章为智能化管理会计平台架构与设计，详细展示了平台的总体架构设计思路，包括数据采集与预处理模块、智能分析与决策支持模块，以及平台的安全与维护管理。

第四章为数据驱动下的成本控制与预算管理，聚焦数据驱动的成本分析方法、智能化预算管理系统的构建，以及成本控制与预算执行的实时监控。

第五章为智能化管理会计在绩效评价中的应用，阐述了绩效评价指标体系的构建、数据驱动的绩效评价方法，以及绩效评价结果的智能反馈与改进机制，同时探讨了绩效评价与激励机制的融合。

第六章为数据驱动下的风险管理与内部控制，着重分析了数据驱动的风险识别与评估方法，以及智能化内部控制体系的建立。

第七章为企业智能化管理会计平台的实施与优化，从平台实施前的准备与规划出发，探讨了实施过程中的关键问题，评估了实施效果，并提出了平台的持续优化与升级策略。

第八章为智能化管理会计平台的未来趋势与挑战，展望了智能化管理会计平台的发展趋势，同时分析了面临的挑战与应对策略。

本书共八章，由蜀道投资集团有限责任公司的李成勇执笔编写，由于时间仓促，加之水平有限，难免存在纰漏之处，恳请读者提出宝贵意见。

目　录

第一章　企业智能化管理会计概述

第一节　智能化管理会计的定义与特点

一、智能化管理会计的基本定义

（一）智能化管理会计的概念引入

智能化管理会计是利用现代信息技术，特别是大数据、人工智能等技术手段，对管理会计工作进行智能化改造和提升的一种新型会计管理模式。它旨在通过智能化技术的应用，提高管理会计的效率、准确性和决策支持能力，从而帮助企业更好地实现战略目标。

（二）智能化管理会计的功能定位

智能化管理会计不仅具备传统管理会计的核算、监督职能，还通过引入智能化技术，实现了数据分析、预测、决策支持等高级功能。它能够帮助企业实时掌握财务状况，预测未来趋势，为企业的战略规划和日常运营提供有力支持。

（三）智能化管理会计的实施范围

智能化管理会计的实施范围涵盖了企业内部的各个财务管理环节，包括但不限于预算管理、成本控制、资金管理、绩效评价等。通过智能化技术的引入，这些环节的管理变得更加高效、精准，有助于企业实现资源的优化配置和风险的有效控制。

二、智能化管理会计的核心特点

（一）数据驱动决策

智能化管理会计以大数据为基础，通过对海量数据的采集、存储、处理和分析，挖掘出有价值的信息，为企业的决策提供数据支持。这种数据驱动的决策方式，提高了决策的科学性和准确性，有助于企业把握市场机遇，规避潜在风险。

（二）自动化与智能化处理

智能化管理会计借助现代信息技术，实现了大量财务数据的自动化处理和智能化分析。这不仅提高了工作效率，减少了人为错误，还使得财务人员能够从烦琐的数据处理工作中解脱出来，更多地关注于财务分析和决策支持等高价值活动。

（三）实时性与动态性

智能化管理会计能够实时收集、处理和分析财务数据，为企业提供最新的财务状况和经营成果信息。这种实时性和动态性使得企业能够及时掌握自身的运营情况，作出快速且准确的决策。

（四）预测性与前瞻性

通过利用大数据分析和人工智能技术，智能化管理会计能够对企业未来的财务状况和经营成果进行预测。这种预测性和前瞻性有助于企业提前规划资源配置，制订合理的战略目标，从而在激烈的市场竞争中保持领先地位。

三、智能化管理会计与传统管理会计的区别

（一）数据处理方式的差异

传统管理会计主要依赖手工或简单的电子表格进行数据处理，效率低下且容易出错。而智能化管理会计则通过引入大数据、云计算等现代信息技术，实现了数据的自动化处理和智能化分析，大大提高了工作效率和准确性。

（二）决策支持能力的不同

传统管理会计主要提供历史财务数据的核算和报告，对决策的支持能力有限。而智能化管理会计则能够通过数据挖掘和分析，为企业提供预测性信息和决策建议，从而提高企业的战略规划和风险控制能力。

（三）信息实时性的对比

传统管理会计的信息报告通常存在一定的时滞，无法及时反映企业的最新财务状况。而智能化管理会计则能够实时收集、处理和分析财务数据，为企业提供即时的财务信息，帮助企业作出快速响应。

（四）功能拓展性的区别

传统管理会计的功能相对单一，主要集中在核算和监督方面。而智能化管理会计则通过引入智能化技术，拓展了数据分析、预

测、决策支持等高级功能，更好地满足了企业日益复杂的管理需求。

（五）对人员素质要求的差异

传统管理会计对财务人员的素质要求相对较低，主要侧重基本的财务核算技能。而智能化管理会计则需要财务人员具备更高的数据分析和决策支持能力，以适应智能化技术的应用和发展。因此，智能化管理会计对财务人员的素质提出了更高的要求。

综上所述，智能化管理会计与传统管理会计在数据处理方式、决策支持能力、信息实时性、功能拓展性以及对人员素质要求等方面都存在显著的差异。这些差异使得智能化管理会计在现代企业管理中具有更大的优势和应用前景。

第二节　数据驱动在管理会计中的重要性

一、数据驱动提升管理会计决策效率

在当今这个信息爆炸的时代，数据已成为企业决策不可或缺的重要资源。数据驱动的管理会计体系，正是基于这一理念，通过高效的数据收集、处理和分析，为企业的决策提供了强有力的支持。

（一）实时数据提供即时决策支持

在数据驱动的管理会计体系中，实时数据的获取和处理能力得到了前所未有的提升。这得益于现代信息技术，特别是大数据和

云计算技术的快速发展。企业可以实时地从各个业务系统中提取数据，并通过高速的数据处理平台进行分析和处理。这意味着，当企业需作做出重要决策时，它不再依赖过时的财务报告或滞后的市场信息，而是可以依据最新的财务数据和市场动态进行决策。

实时数据的优势在于其即时性和准确性。它能够帮助管理层迅速了解企业的当前状况，包括财务状况、市场趋势、客户需求等。基于这些实时数据，管理层可以更快地作出反应，抓住市场机遇，避免潜在的风险。例如，当市场出现新的需求或竞争态势发生变化时，企业可以迅速调整生产计划、销售策略或价格策略，以应对市场的变化。

此外，实时数据还为管理层提供了更加全面的视角。它不仅仅局限于财务数据，还可以包括市场数据、客户数据、供应链数据等。这些数据的多维度分析，有助于管理层更加深入地了解企业的运营状况和市场环境，从而作出更加明智的决策。

（二）数据分析助力精准预测

数据分析是数据驱动的管理会计体系中的核心环节。通过对历史数据的深入分析和挖掘，企业可以建立预测模型，对未来的市场趋势、销售情况等进行精准预测。这种基于数据的预测能力，使企业在制订生产计划、销售策略等方面更加科学、合理。

数据分析的优势在于其客观性和准确性。它避免了人为因素的干扰和主观判断的偏差，通过算法和模型对数据进行客观的分析和预测。这种基于数据的预测结果，往往比基于经验和直觉的预测更加准确和可靠。

例如，在销售预测方面，企业可以通过对历史销售数据的分析，建立销售预测模型。该模型可以考虑多种因素，如市场趋势、季节性变化、促销活动等。通过输入这些因素的数据，模型可以预测出未来的销售情况。这种预测结果可以为企业制订生产计划、库存策略等提供重要的参考依据。

除了销售预测外，数据分析还可以应用于其他领域，如成本预测、风险预测等。通过对成本数据的分析，企业可以预测未来的成本变动趋势，从而制订更加合理的成本控制策略。通过对风险数据的分析，企业可以识别潜在的风险因素，并采取相应的措施进行防范和控制。

（三）智能算法优化决策过程

数据驱动的管理会计还引入了智能算法，如机器学习、深度学习等。这些算法可以对大量数据进行高效处理和分析，为决策提供科学依据。通过智能算法的应用，企业可以更加客观地评估各种方案的优劣，从而选择出最佳的决策路径。

智能算法的优势在于其自动化和智能化。它可以自动地从数据中学习规律和模式，并根据这些规律和模式进行预测和决策。这种自动化和智能化的过程，大大提高了决策的效率和准确性。

例如，在投资决策方面，企业可以通过智能算法对投资项目进行风险评估和收益预测。算法可以考虑多种因素，如市场趋势、行业竞争、项目成本等。通过输入这些因素的数据，算法可以给出投资项目的风险评估和收益预测结果。这种结果可以为企业制订投资决策提供重要的参考依据。

除了投资决策外，智能算法还可以应用于其他领域，如生产计划优化、库存管理优化等。通过智能算法的应用，企业可以更加科学地制订生产计划和库存策略，避免资源浪费和库存积压。

（四）数据可视化提高决策直观性

数据可视化技术是数据驱动的管理会计体系中的重要组成部分。它将数据以图表、图像等形式直观展示出来，使决策者能够更快速地理解数据背后的信息和趋势。这种直观性不仅提高了决策效率，还降低了误解和误判的风险。

数据可视化的优势在于其直观性和易理解性。它可以将复杂的数据和信息以简洁明了的方式呈现出来，使决策者能够一眼看出数据的规律和趋势。这种直观性有助于决策者快速地作出决策，并减少因误解或误判而导致的决策失误。

例如，在财务分析方面，企业可以通过数据可视化技术将财务数据以图表的形式展示出来。这些图表可以包括收入、成本、利润等关键指标的变动趋势和对比分析。通过查看这些图表，决策者可以快速地了解企业的财务状况和经营成果，并作出相应的决策。

除了财务分析外，数据可视化还可以应用于其他领域，如市场分析、客户分析等。通过数据可视化技术，企业可以将市场数据、客户数据等以直观的方式呈现出来，帮助决策者更好地了解市场和客户需求，从而制订更加精准的市场策略和客户策略。

二、数据驱动优化管理会计流程

数据驱动的管理会计不仅提升了决策效率，还优化了管理会计流程，使企业能够更加高效、规范地进行财务管理。

（一）自动化处理减少人工干预

数据驱动的管理会计通过引入自动化处理技术，如流程自动化（RPA）等，实现了大量重复性工作的自动化处理。这不仅提高了工作效率，还减少了人为错误和舞弊的可能性。

自动化处理的优势在于其高效性和准确性。它可以自动地完成数据的收集、处理和分析工作，避免了人工操作的烦琐和易错性。通过自动化处理，企业可以更加快速地获取和处理财务数据，为决策提供更加及时的支持。

例如，在账务处理方面，企业可以通过RPA技术实现自动记账、对账和结账等工作。这些工作原本需要人工逐笔录入和核对，耗时费力且易出错。通过RPA技术，企业可以自动地从业务系统中提取数据，并进行相应的账务处理。这不仅提高了账务处理的效率，还减少了人为错误和舞弊的风险。

（二）标准化流程提升管理效率

在数据驱动下，企业可以建立统一的数据标准和处理流程，确保财务数据的准确性和一致性。这种标准化流程不仅简化了数据处理的复杂性，还提升了管理效率。

标准化流程的优势在于其规范性和可复制性。它可以确保企业在处理财务数据时遵循统一的标准和流程，避免了因个人习惯或部门差异而导致的数据不一致和错误。通过标准化流程，企业可以更加高效地进行财务管理和决策分析。

例如，在成本核算方面，企业可以建立统一的成本核算标准和流程。这些标准和流程可以明确成本核算的范围、方法和周期等关键要素。通过遵循这些标准和流程，企业可以确保成本核算的准确性和一致性，为成本控制和决策分析提供可靠的数据支持。

（三）实时监控确保流程顺畅

通过实时监控技术，企业可以随时掌握管理会计流程的执行情况，及时发现并解决问题。这种实时监控机制确保了流程的顺畅进行，避免了延误和错误的发生。

实时监控的优势在于其及时性和可追溯性。它可以实时地监控流程的执行情况，包括数据的收集、处理和分析等环节。一旦发现异常情况或错误，企业可以立即进行干预和纠正，避免问题进一步扩大和影响决策结果。

例如，在预算管理方面，企业可以通过实时监控技术掌握预算的执行情况。这包括预算的分配、使用和调整等环节。通过实时监控，企业可以及时发现预算超支或未达预期的情况，并采取相应的措施进行调整和优化。这有助于确保预算的合理使用和有效控制成本。

（四）数据反馈优化流程设计

数据驱动的管理会计还注重收集和分析流程执行过程中的数据反馈。通过这些数据反馈，企业可以发现流程中的瓶颈和问题所在，从而针对性地优化流程设计。

数据反馈的优势在于其客观性和针对性。它可以客观地反映流程执行过程中的问题和不足，为企业提供改进的方向和依据。通过数据反馈，企业可以不断地优化流程设计，提高管理效率和决策准确性。

例如，在应收账款管理方面，企业可以通过数据反馈了解应收账款的回收情况和逾期情况。这包括回收金额、回收时间、逾期金额和逾期天数等指标。通过数据反馈，企业可以发现应收账款管理中的问题，如回收速度慢、逾期金额大等。针对这些问题，企业可以采取相应的措施进行优化，如加大催收力度、调整信用政策等。

三、数据驱动提高管理会计风险控制

在复杂多变的市场环境中，风险控制是企业持续稳健发展的关键。数据驱动的管理会计通过实时监测、风险评估、策略制订和数据跟踪等手段，为企业提供了全面、高效的风险控制解决方案。

（一）风险数据实时监测与预警

数据驱动的管理会计体系能够实时监测关键风险指标的数据变化，这是风险控制的第一步。企业可以根据自身的业务特点和风险偏好，设定一系列关键风险指标，如财务比率、市场波动、客户信用等。通过实时监测这些指标的数据变化，企业可以在第一时间发现潜在的风险点，从而及时采取措施进行防范和控制。

同时，建立风险预警机制是数据驱动风险控制的重要环节。当监测到的数据达到或超过预设的阈值时，系统会自动触发警报，提醒企业注意潜在的风险。这种预警机制可以确保企业在风险发生之前或初期就采取应对措施，从而降低风险的影响和损失。例如，当企业的现金流出现紧张时，系统会自动发出预警，提醒企业及时调整资金安排，避免资金链断裂的风险。

（二）历史数据助力风险评估

风险评估是风险控制的核心环节，而数据驱动的管理会计可以利用历史数据进行风险评估和建模。通过对历史数据的深入分析和挖掘，企业可以了解各种风险因素对企业财务的影响程度和可能性。这种基于数据的评估方法更加客观、准确，避免了人为因素的干扰和主观判断的偏差。

在风险评估过程中，企业可以运用统计模型、机器学习算法等技术手段，对历史数据进行处理和分析。这些技术可以帮助企业识别出潜在的风险因素，并评估它们对企业财务的影响程度和可能性。例如，在信用风险评估中，企业可以利用历史数据建立信用评分模型，对客户的信用状况进行量化评估，从而制订更加合理的信用政策。

（三）数据驱动的风险管理策略制定

根据风险评估的结果，企业可以结合实际情况制订针对性的风险管理策略。数据驱动的策略制订过程更加科学、合理，有助于企业有效应对各种潜在风险。在制订风险管理策略时，企业需要考虑风险的性质、影响程度和可能性等因素，并结合企业的战略目标和资源状况进行决策。

数据驱动的风险管理策略可以包括风险规避、风险降低、风险转移和风险承担等多种方式。例如，在面临市场风险时，企业可以通过多元化投资、套期保值等方式来规避或降低风险；在面临信用风险时，企业可以通过加强信用管理、提高客户筛选标准等方式来降低风险。这些策略的制订和实施都需要基于数据的支持和指导。

（四）数据跟踪确保风险控制效果

在实施风险管理策略后，企业需要通过数据跟踪来监测策略的执行效果和风险控制成果。这种数据跟踪机制有助于企业及时发现问题并调整策略，确保风险控制的有效性。数据跟踪可以包括定期的风险评估、风险报告和风险审计等环节。

通过定期的风险评估，企业可以了解风险管理策略的执行情况和风险控制成果，并及时发现潜在的问题和不足。风险报告可以向管理层提供关于企业风险状况的全面、准确的信息，帮助他们作出更加明智的决策。风险审计则可以对风险管理策略的执行情况进行独立、客观的审查和评价，确保风险控制的有效性和合规性。

四、数据驱动促进管理会计创新发展

数据驱动的管理会计不仅提升了企业的决策效率和风险控制能力，还推动了管理会计的创新发展。在数据驱动的时代背景下，管理会计需要不断更新理念、方法、模式和应用等，以适应市场的变化和企业的需求。

（一）数据驱动推动管理会计理念创新

在数据驱动的时代背景下，管理会计需要不断更新理念，从传统的核算型向价值创造型转变。传统的管理会计主要关注企业的成本核算和财务报告，而数据驱动的管理会计则更加注重通过数据分析来创造价值。这种理念的创新使企业更加注重数据的收集、处理和分析，以及如何利用数据来支持企业的决策和战略规划。

数据驱动的管理会计理念还强调了跨部门合作和信息共享的重要性。在数据驱动的框架下，管理会计需要与其他业务部门更紧密地合作，共同分享数据和信息，以支持企业的整体决策和战略规划。这种合作和共享不仅可以提高管理会计的效率和准确性，还可以促进企业的创新和协同发展。

（二）数据技术引领管理会计方法创新

随着大数据、云计算等技术的发展，管理会计在数据处理和分析方法上迎来了创新。这些方法创新提高了管理会计的效率和准确性，为企业提供了更有价值的决策支持。

大数据技术的应用使得管理会计可以处理和分析海量的数据，从而发现数据中的规律和趋势。云计算技术则提供了强大的计算能力和存储空间，使得管理会计可以更加高效地处理和分析数据。这些技术的应用使得管理会计可以更加深入地了解企业的运营状况和市场环境，从而为企业提供更加精准的决策支持。

此外，数据驱动的管理会计还引入了机器学习、深度学习等智能算法。这些算法可以对数据进行自动化处理和分析，从而提高管理会计的效率和准确性。例如，在成本预测方面，企业可以利用机器学习算法对历史成本数据进行分析和建模，从而预测未来的成本变动趋势。这种预测结果可以为企业制订成本控制策略提供重要的参考依据。

（三）数据共享促进管理会计模式创新

在数据共享的推动下，管理会计可以与其他业务部门更紧密地合作，共同创造价值。这种跨部门的合作促进了管理会计模式的创新，使企业能够更加灵活地应对市场变化。

数据共享使得管理会计可以更加全面地了解企业的运营状况和市场环境。通过与其他业务部门的合作和共享，管理会计可以获取到更加丰富的数据和信息，从而更加准确地评估企业的财务状况和经营成果。这种全面的了解有助于管理会计为企业提供更加精准的决策支持。

此外，数据共享还促进了管理会计与其他业务部门的协同工作。在数据驱动的框架下，管理会计可以与其他业务部门共同制订战略规划和决策方案，从而实现企业的整体协同发展。这种协同工作不仅可以提高管理会计的效率和准确性，还可以促进企业的创新和持续发展。

（四）数据挖掘激发管理会计应用创新

通过数据挖掘技术，企业可以从海量数据中提取出有价值的信息和趋势。这些信息为企业提供了更多的创新应用场景，如个性化营销策略、智能库存管理等，从而推动了管理会计的应用创新。

数据挖掘技术可以帮助企业发现数据中的隐藏规律和趋势，从而为企业提供更加精准的决策支持。例如，在营销策略制订方面，企业可以利用数据挖掘技术对客户数据进行分析和挖掘，从而了解客户的购买偏好和需求特点。基于这些分析结果，企业可以制订更加个性化的营销策略，提高客户的满意度和忠诚度。

在库存管理方面，数据挖掘技术也可以发挥重要作用。通过对库存数据的分析和挖掘，企业可以了解库存的变动趋势和需求特点，从而制订更加合理的库存策略。这不仅可以降低库存成本，还可以提高库存的周转率和利用率。

第三节　企业智能化管理会计的发展现状

一、智能化管理会计的国内外发展概况

（一）国外智能化管理会计的起源与发展

智能化管理会计在国外的发展可追溯至 20 世纪 80 年代末至 90 年代初，随着信息技术的飞速发展，特别是计算机技术和互联网的普及，传统会计处理方式开始面临效率低下、数据处理能力有限等问题。在此背景下，国外企业开始探索将信息技术应用于会计管理领域，智能化管理会计应运而生。初期，智能化管理会计主要体现在会计软件的自动化处理上，如自动记账、报表生成等。随着大数据、云计算、人工智能等技术的兴起，智能化管理会计逐渐深入决策支持、成本控制、风险管理等多个层面，实现了从数据处理到决策辅助的跨越。

（二）国内智能化管理会计的兴起与推进

相较于国外，我国智能化管理会计的发展起步较晚，但近年来在政府的积极推动和企业的积极响应下，发展迅速。国家层面，财政部等政府部门相继出台了一系列政策文件，鼓励和支持企业利用现代信息技术提升财务管理水平，推动管理会计与信息技术的深度融合。企业层面，越来越多的中国企业开始意识到智能化管理会计的重要性，纷纷加大投入，引入先进的 ERP 系统、智能财务平台等，以实现财务数据的实时共享、自动分析和智能决策。

同时，国内高校和研究机构也加强了对智能化管理会计理论与方法的研究，为实践提供了理论支撑。

（三）技术驱动下的智能化管理会计创新

技术的不断进步是推动智能化管理会计发展的关键。大数据技术的应用使得企业能够收集、处理和分析海量财务数据，为精准预测、成本控制提供可能；云计算的普及降低了企业 IT 基础设施的投入成本，提高了财务管理的灵活性和可扩展性；人工智能技术的引入，如机器学习、自然语言处理等，使得系统能够自动学习并优化决策模型，实现更高级别的智能化。此外，区块链技术的应用也在探索中，其去中心化、不可篡改的特性有望解决财务数据的安全性和透明度问题。

（四）智能化管理会计的行业应用差异

不同行业因其业务特性、管理需求的不同，在智能化管理会计的应用上展现出显著差异。例如，制造业侧重通过智能化手段优化生产流程、降低成本；金融业更注重风险管理和客户信用评估；零售业注重利用大数据分析顾客行为，实现精准营销和库存管理。这种行业差异要求智能化管理会计解决方案需具备高度的定制化和灵活性，以适应不同行业的特定需求。

二、智能化管理会计在企业中的应用现状

（一）自动化账务处理与报表生成

目前，大多数企业已实现了会计账务处理的自动化，包括凭证录入、账簿登记、报表编制等环节。通过集成的财务管理系统，企业可以自动采集交易数据，生成准确的财务报表，大大提高了

工作效率和数据的准确性。同时，系统还支持多维度数据分析，帮助企业快速了解经营状况，为管理层提供决策依据。

（二）成本控制与预算管理

智能化管理会计在成本控制和预算管理方面的应用尤为突出。系统能够实时监控成本变动，分析成本构成，识别成本节约机会。通过预算管理系统，企业可以设定预算目标，自动追踪预算执行情况，及时发现偏差并采取纠正措施。此外，智能化的滚动预算和弹性预算功能，使企业能够更好地应对市场变化，提高预算的灵活性和有效性。

（三）绩效评价与风险管理

智能化管理会计通过构建绩效评价体系，利用平衡计分卡、关键绩效指标（KPI）等工具，对企业各部门和员工的绩效进行量化评估，激发员工积极性，提升组织效能。在风险管理方面，系统能够集成内外部数据，运用数据分析模型识别潜在风险，评估风险影响，为企业管理层提供风险应对策略建议，有效防范和控制风险。

（四）决策支持与战略规划

智能化管理会计的最终目标是为企业的战略规划和决策提供有力支持。通过大数据分析和预测模型，企业可以洞察市场趋势，预测未来需求，制订更为科学合理的战略规划。同时，系统还能模拟不同决策方案下的财务结果，帮助企业进行决策优化，确保战略目标的实现。

三、智能化管理会计面临的主要挑战

（一）数据安全与隐私保护

随着智能化管理会计对数据的依赖程度加深，数据安全成为首要挑战。如何确保财务数据在传输、存储、处理过程中的安全性，防止数据泄露和非法访问，是企业必须面对的问题。此外，遵守相关法律法规，保护客户隐私，也是智能化管理会计实施中不可忽视的一环。

（二）技术集成与人才短缺

智能化管理会计的实施需要高度集成的信息技术支持，包括ERP系统、大数据分析平台、AI算法等。然而，不同系统之间的数据接口、数据标准不一致，导致技术集成难度大。同时，具备财务管理知识与信息技术能力的复合型人才稀缺，限制了智能化管理会计的深入应用。

（三）组织变革与文化适应

智能化管理会计的引入不仅是对技术的革新，更是对企业组织结构和管理文化的挑战。企业需要调整原有的财务管理流程，重新分配工作职责，培养员工的数字化思维和能力。这一过程中，可能会遇到来自员工的抵触情绪，影响项目的顺利推进。

（四）成本控制与投资回报

智能化管理会计的实施需要较大的初期投资，包括软件购置、系统定制、人员培训等。对于中小企业而言，成本控制成为一大难题。同时，如何确保投资能够带来预期的回报，实现长期效益，也是企业决策时需要谨慎考虑的问题。

（五）法规遵从与审计挑战

随着智能化管理会计的发展，相关的法律法规和会计准则也在不断更新和完善。企业需要密切关注政策变化，确保财务管理活动符合法规要求。此外，智能化的财务管理系统增加了审计的复杂性，如何保证审计的准确性和效率，是审计行业面临的新挑战。

四、智能化管理会计的发展趋势

（一）深度学习与自我优化

随着人工智能技术的不断进步，智能化管理会计将向深度学习和自我优化的方向发展。系统能够自动学习企业的业务逻辑和财务规则，不断优化数据处理和分析模型，提高决策的准确性和效率。

（二）跨界融合与生态构建

智能化管理会计将不再局限于企业内部，而是与供应链管理、客户关系管理、人力资源管理等系统深度融合，形成企业级的数据共享和分析平台。同时，企业将与供应商、客户、金融机构等外部伙伴建立更紧密的合作关系，共同构建开放、协同的财务管理生态。

（三）智能化决策支持系统的普及

未来，智能化决策支持系统将成为企业管理的标配。这类系统能够结合企业的战略目标、市场环境、财务状况等多维度信息，提供个性化的决策建议，帮助企业实现精细化管理和精准决策。

五、智能化管理会计的未来展望

(一) 智能化财务管理的全面普及

随着技术的成熟和成本的降低，智能化管理会计将逐渐从大型企业向中小企业普及，成为企业提升竞争力的重要手段。中小企业将通过云服务、SaaS 模式等低成本方式，快速实现财务管理的智能化转型。

(二) 财务管理与业务运营的深度整合

智能化管理会计将推动财务管理与业务运营的深度融合，实现财务数据的实时反馈和业务流程的自动化控制。这将有助于企业快速适应市场变化，优化资源配置，提高运营效率。

(三) 智能化财务管理人才的培养与储备

随着智能化管理会计的广泛应用，对具备财务管理知识和信息技术能力的复合型人才的需求将持续增长。高校、培训机构和企业将加强合作，共同培养符合市场需求的智能化财务管理人才，为企业的智能化转型提供人才保障。

(四) 智能化管理会计的国际合作与交流

在全球经济一体化的背景下，智能化管理会计的国际合作与交流将更加频繁。企业将通过与国外先进企业的合作，引进先进的管理理念和技术，提升自身的管理水平和国际竞争力。同时，中国企业在智能化管理会计领域的创新实践也将为全球财务管理的发展贡献力量。

综上所述，智能化管理会计作为企业财务管理的重要趋势，正以前所未有的速度改变着企业的财务管理方式和决策模式。面对挑战与机遇并存的未来，企业需要不断创新，加强技术与管理的融合，培养复合型人才，以实现智能化管理会计的全面发展，为企业的可持续发展奠定坚实基础。

第二章　数据驱动与管理会计的融合基础

第一节　大数据与云计算技术的支撑

在数据驱动的时代，管理会计的转型与升级离不开大数据与云计算技术的强有力支撑。这两大技术不仅为管理会计提供了丰富的数据源和高效的数据处理能力，还推动了管理会计向智能化、精准化方向发展。

一、大数据技术的概念及其在管理会计中的价值

（一）大数据技术的概念

大数据技术是指通过特定技术处理难以用常规手段管理和处理的数据集的技术。这些数据集通常具有规模庞大、类型繁多、处理速度快和价值密度低等特点。大数据技术的核心在于从海量数据中提取有价值的信息，以支持企业的决策和战略规划。

（二）大数据在管理会计中的数据采集价值

在管理会计中，大数据技术能够帮助企业实现全面、实时的数

据采集。通过部署各种传感器、物联网设备等，企业可以实时收集到生产、销售、财务等各个环节的数据。这些数据不仅包括了结构化数据，如财务报表、销售记录等，还包括了非结构化数据，如客户评论、社交媒体信息等。全面的数据采集为管理会计提供了丰富的数据源，使其能够更加准确地反映企业的运营状况和市场环境。

（三）大数据在管理会计中的数据处理价值

大数据技术提供了强大的数据处理能力，使管理会计能够高效地处理和分析海量数据。通过分布式计算、并行处理等技术手段，大数据技术可以快速地处理和分析数据，从而发现数据中的规律和趋势。这种高效的数据处理能力使得管理会计能够及时地为企业提供决策支持，帮助企业抓住市场机遇和规避风险。

（四）大数据在管理会计中的数据存储价值

大数据技术还提供了海量数据的存储能力。通过分布式存储、数据压缩等技术手段，大数据技术可以有效地存储和管理海量数据。这种数据存储能力使得管理会计能够保留更多的历史数据，从而进行更加深入的数据分析和挖掘。同时，大数据存储还可以为企业的数据备份和恢复提供有力支持，确保企业数据的安全性和完整性。

（五）大数据在管理会计中的决策支持价值

大数据技术的价值还体现在为管理会计提供精准的决策支持上。通过对海量数据的分析和挖掘，大数据技术可以发现数据中的隐藏规律和趋势，从而为企业提供更加精准的预测和决策依据。例如，在成本控制方面，企业可以利用大数据技术对历史成本数据进行分析和建模，从而预测未来的成本变动趋势，并制订更加合理的成本控制策略。

二、云计算技术对管理会计数据处理的革新

（一）云计算技术的概念

云计算技术是一种基于互联网的计算方式，即通过网络将庞大的计算处理程序自动分拆成无数个较小的子程序，再交由多部服务器所组成的庞大系统经搜寻、计算分析之后将处理结果回传给用户。云计算技术提供了强大的计算能力和存储空间，使得用户可以随时随地访问和使用云服务。

（二）云计算在管理会计中的数据处理革新

云计算技术为管理会计的数据处理带来了革新。传统的管理会计数据处理方式通常依赖本地的计算机系统和软件，而云计算技术则使得管理会计可以随时随地访问和使用云服务进行数据处理。这种革新不仅提高了管理会计的数据处理效率，还降低了企业的IT成本。通过云计算技术，企业可以更加灵活地处理和分析数据，从而及时地发现潜在的风险和机遇。

（三）云计算在管理会计中的资源共享价值

云计算技术实现了资源的共享和优化配置。在云计算平台上，企业可以共享计算资源、存储资源和应用程序等资源，从而避免了资源的浪费和重复建设。这种资源共享和优化配置不仅提高了资源的利用率，还降低了企业的运营成本。对于管理会计而言，云计算技术使得其可以更加高效地利用资源，从而为企业提供更加优质的决策支持服务。

（四）云计算在管理会计中的弹性扩展能力

云计算技术具有强大的弹性扩展能力。随着企业业务的发展和数据量的增长，管理会计对计算能力和存储空间的需求也会不断增加。而云计算技术可以根据企业的实际需求动态地调整计算资源和存储空间，从而满足企业的需求。这种弹性扩展能力使得管理会计可以更加灵活地应对企业的变化和发展。

（五）云计算在管理会计中的安全性保障

云计算技术提供了安全性保障。云计算平台通常采用了先进的安全技术和措施，如数据加密、访问控制、安全审计等，以确保用户数据的安全性和隐私保护。对于管理会计而言，数据的安全性和隐私保护是至关重要的。通过云计算技术，企业可以更加放心地将数据存储在云端，并享受云服务带来的便利和优势。

三、大数据与云计算结合推动管理会计智能化

大数据与云计算技术的结合进一步推动了管理会计的智能化发展。通过整合大数据和云计算的优势，企业可以构建更加智能、高效的管理会计系统，从而实现更加精准的决策支持和风险管理。

（一）大数据与云计算结合实现智能数据分析

大数据与云计算技术的结合使得管理会计可以实现智能数据分析。通过云计算平台，企业可以快速地处理和分析海量数据，并发现数据中的规律和趋势。同时，利用大数据技术中的机器学习、深度学习等智能算法，管理会计可以对数据进行自动化处理和分析，从而提高数据分析的效率和准确性。这种智能数据分析能力使得管理会计能够为企业提供更加精准的预测和决策依据。

（二）大数据与云计算结合优化成本控制

大数据与云计算技术的结合还可以优化企业的成本控制。通过大数据技术，企业可以对历史成本数据进行分析和建模，从而预测未来的成本变动趋势。而云计算技术则提供了强大的计算能力和存储空间，使得企业可以更加高效地处理和分析成本数据。通过整合大数据和云计算的优势，企业可以制订更加合理的成本控制策略，降低运营成本，提高盈利能力。

（三）大数据与云计算结合提升风险管理能力

在风险管理方面，大数据与云计算技术的结合也发挥了重要作用。通过大数据技术，企业可以实时监测关键风险指标的数据变化，并发现潜在的风险点。云计算技术则提供了强大的计算能力和存储空间，使得企业可以更加高效地处理和分析风险数据。通过整合大数据和云计算的优势，企业可以建立更加完善的风险管理体系，提高风险管理的能力和水平。

（四）大数据与云计算结合促进管理会计创新

大数据与云计算技术的结合促进了管理会计的创新发展。通过整合大数据和云计算的优势，企业可以构建更加智能、高效的管理会计系统，并探索新的应用场景和业务模式。例如，企业可以利用大数据和云计算技术构建智能财务预警系统，实时监测企业的财务状况和风险情况，并提供预警和决策支持。这种创新应用不仅提高了管理会计的效率和准确性，还为企业的发展带来了新的机遇和挑战。

四、相关技术对管理会计效率和准确性的影响

大数据与云计算等先进技术对管理会计的效率和准确性产生了深远的影响。这些技术不仅提高了管理会计的数据处理能力和决策支持能力，还推动了管理会计向智能化、精准化方向发展。

（一）提高数据处理效率

大数据与云计算技术提高了管理会计的数据处理效率。通过分布式计算、并行处理等技术手段，这些技术可以快速地处理和分析海量数据，从而发现数据中的规律和趋势。这种高效的数据处理能力使得管理会计能够及时地为企业提供决策支持，并帮助企业抓住市场机遇和规避风险。同时，这些技术还使得管理会计能够处理更加复杂和多变的数据类型和数据结构，从而提高了数据处理的灵活性和适应性。

（二）提高数据准确性

大数据与云计算技术还提高了管理会计的数据准确性。通过先进的数据采集、处理和存储技术，这些技术可以确保数据的完整性和一致性，并减少数据错误和偏差的发生。同时，利用大数据技术中的机器学习、深度学习等智能算法，管理会计可以对数据进行自动化处理和分析，从而提高数据分析的准确性和可靠性。这种提高的数据准确性使得管理会计能够为企业提供更加精准的预测和决策依据，并帮助企业制订更加合理的战略规划和运营策略。

（三）推动管理会计智能化发展

大数据与云计算技术推动了管理会计向智能化方向发展。通过

整合大数据和云计算的优势，企业可以构建更加智能、高效的管理会计系统，并实现智能化的数据分析、成本控制和风险管理等功能。这种智能化发展不仅提高了管理会计的效率和准确性，还使得管理会计能够更加灵活地应对企业的变化和发展。同时，智能化的发展还使得管理会计能够与其他业务部门更加紧密地合作和协同工作，共同为企业的发展贡献力量。

（四）促进管理会计创新应用

大数据与云计算技术促进了管理会计的创新应用。通过整合大数据和云计算的优势，企业可以探索新的应用场景和业务模式，并构建更加智能、高效的管理会计系统。例如，企业可以利用大数据和云计算技术构建智能财务预警系统、智能成本控制系统等创新应用，从而提高企业的财务管理水平和盈利能力。这种创新应用不仅为企业带来了新的机遇和挑战，还推动了管理会计向更高层次的发展。

第二节　数据挖掘与分析在管理会计中的应用

数据挖掘与分析作为现代信息技术的重要组成部分，其在管理会计领域的应用日益广泛。通过深入挖掘和分析企业内外部的海量数据，管理会计能够更准确地把握市场动态、优化资源配置、提高决策效率，从而为企业创造更大的价值。

一、数据挖掘技术在管理会计中的引入

（一）数据挖掘技术的基本概念

数据挖掘技术是指通过特定算法对大量数据进行处理和分析，以发现数据中的隐含模式、关联规则、趋势和异常等有价值的信息。在管理会计中，数据挖掘技术可以帮助企业从海量数据中提取出对决策有用的信息，为企业的战略规划、成本控制、风险管理等提供有力支持。

（二）数据挖掘技术在管理会计中的必要性

随着企业规模的扩大和市场环境的复杂化，管理会计面临着越来越多的数据挑战。传统的数据处理方法已经无法满足现代企业对数据深度和广度的需求。数据挖掘技术的引入，使得管理会计能够更深入地挖掘数据价值，提高数据分析的准确性和效率，为企业的决策提供更加精准的支持。

（三）数据挖掘技术在管理会计中的应用场景

数据挖掘技术在管理会计中的应用场景非常广泛。例如，在成本控制方面，企业可以利用数据挖掘技术对生产、销售等环节的数据进行分析，找出成本控制的薄弱环节，制订针对性的成本控制策略。在风险管理方面，数据挖掘技术可以帮助企业识别潜在的风险因素，及时采取防范措施，降低风险损失。此外，数据挖掘技术还可以应用于客户分析、市场预测、产品优化等多个领域。

（四）数据挖掘技术的实施步骤

数据挖掘技术在管理会计中的实施需要遵循一定的步骤。首

先，企业需要明确数据挖掘的目标和需求，确定需要分析的数据类型和来源。其次，企业需要选择合适的数据挖掘工具和方法，对数据进行预处理和清洗，以确保数据的准确性和一致性。再次，企业可以利用数据挖掘算法对数据进行深入挖掘和分析，提取出有价值的信息。最后，企业需要将分析结果应用于实际决策中，不断优化和完善数据挖掘模型。

（五）数据挖掘技术的挑战与应对

尽管数据挖掘技术在管理会计中具有广泛的应用前景，但其在实施过程中也面临着一些挑战。例如，数据质量不高、数据挖掘算法复杂、人才短缺等问题都可能影响数据挖掘的效果。为了应对这些挑战，企业需要加强数据质量管理，提高数据挖掘算法的易用性和智能化程度，同时加强人才培养和引进，为数据挖掘技术的顺利实施提供有力保障。

二、数据关联分析与模式识别在管理会计的实践

（一）数据关联分析的基本概念

数据关联分析是指通过挖掘数据中的关联规则，发现不同数据项之间的内在联系。在管理会计中，数据关联分析可以帮助企业发现不同业务环节之间的相互影响和制约关系，为企业的资源配置和决策优化提供有力支持。

（二）模式识别在管理会计中的应用

模式识别是指通过分析和比较数据中的模式，找出数据中的规律和趋势。在管理会计中，模式识别可以帮助企业发现市场变化、客户需求等方面的规律和趋势，为企业的市场预测和战略规划提

供有力支持。例如，企业可以利用模式识别技术对历史销售数据进行分析，找出销售高峰期和低谷期，制订针对性的销售策略。

（三）数据关联分析与模式识别的实施方法

数据关联分析与模式识别的实施需要遵循一定的方法。首先，企业需要确定分析的目标和数据来源，选择合适的分析工具和方法。其次，企业需要对数据进行预处理和清洗，以确保数据的准确性和一致性。再次，企业可以利用数据关联分析和模式识别算法对数据进行深入挖掘和分析，找出数据中的关联规则和模式。最后，企业需要将分析结果应用于实际决策中，不断优化和完善分析模型。

（四）数据关联分析与模式识别的案例分析

以某零售企业为例，该企业利用数据关联分析和模式识别技术对销售数据进行分析。通过分析，企业发现不同商品之间的销售存在明显的关联关系，如购买某类商品的客户往往也会购买另一类商品。基于这一发现，企业制订了针对性的促销策略，将关联商品进行捆绑销售，从而提高了销售额和客户满意度。

三、预测性分析对管理会计决策的优化作用

（一）预测性分析的基本概念

预测性分析是指利用历史数据和统计模型对未来的趋势和结果进行预测和分析。在管理会计中，预测性分析可以帮助企业预测未来的市场需求、销售趋势、成本变动等，为企业的决策提供更加精准的支持。

（二）预测性分析在管理会计中的应用领域

预测性分析在管理会计中的应用领域非常广泛。例如，在市场需求预测方面，企业可以利用预测性分析技术对市场历史数据进行分析和建模，预测未来的市场需求量和变化趋势。在成本控制方面，预测性分析可以帮助企业预测未来的成本变动趋势和成本控制效果，为企业制订更加合理的成本控制策略提供有力支持。此外，预测性分析还可以应用于风险评估、投资决策等多个领域。

（三）预测性分析的实施步骤和关键要素

预测性分析的实施需要遵循一定的步骤和关键要素。首先，企业需要确定预测的目标和变量，选择合适的预测模型和方法。其次，企业需要对历史数据进行收集、整理和分析，以确保数据的准确性和一致性。再次，企业可以利用预测模型对数据进行训练和验证，评估模型的预测准确性和稳定性。最后，企业需要将预测结果应用于实际决策中，并根据实际情况不断调整和优化预测模型。在实施过程中，关键要素包括数据质量、模型选择、参数设置等，这些因素都会直接影响预测结果的准确性和可靠性。

（四）预测性分析对管理会计决策的优化效果

通过预测性分析的应用，管理会计能够更加准确地把握未来的市场趋势和变化，为企业的决策提供更加精准的支持。这不仅可以帮助企业抓住市场机遇和规避风险，还可以提高企业的运营效率和盈利能力。例如，在某制造业企业中，通过预测性分析技术对市场需求进行预测和分析，企业能够提前调整生产计划和销售策略，从而避免了库存积压和销售机会的丧失。同时，预测性分析还可以帮助企业优化资源配置和成本控制策略，降低运营成本和风险损失。

（五）预测性分析的挑战与未来发展趋势

尽管预测性分析在管理会计中具有广泛的应用前景和优化效果，但其在实施过程中也面临着一些挑战。例如，数据不确定性、模型复杂性、人才短缺等问题都可能影响预测结果的准确性和可靠性。为了应对这些挑战，企业需要加强数据管理和质量控制，提高预测模型的易用性和智能化程度，同时加强人才培养和引进。未来，随着大数据、人工智能等技术的不断发展，预测性分析在管理会计中的应用将更加广泛和深入。

四、实时数据分析在管理会计中的动态应用

（一）实时数据分析的基本概念与特点

实时数据分析是指利用现代信息技术对数据进行即时处理和分析，以反映企业的实时运营状况和市场需求。在管理会计中，实时数据分析可以帮助企业及时发现问题和机遇，为企业的决策提供更加及时和准确的信息支持。实时数据分析具有时效性、准确性、动态性等特点，能够为企业提供更加全面和深入的数据洞察。

（二）实时数据分析在管理会计中的应用场景

实时数据分析在管理会计中的应用场景非常广泛。例如，在生产监控方面，企业可以利用实时数据分析技术对生产过程中的数据进行即时处理和分析，发现生产过程中的异常和问题，并及时采取措施进行调整和优化。在销售监控方面，实时数据分析可以帮助企业实时掌握销售数据和市场需求变化，及时调整销售策略和促销活动。此外，实时数据分析还可以应用于库存管理、风险

管理等多个领域。

（三）实时数据分析的实施要点与挑战

实时数据分析的实施需要关注数据质量、处理速度、系统稳定性等要点。首先，企业需要确保数据的准确性和一致性，避免数据错误和偏差对分析结果的影响。其次，企业需要选择高效的数据处理算法和技术手段，以提高数据分析的速度和效率。最后，企业还需要加强系统稳定性和安全性管理，确保实时数据分析的可靠性和安全性。然而，在实施过程中，企业也可能面临数据量大、处理复杂、技术更新快等挑战。为了应对这些挑战，企业需要不断加强技术投入和人才培养，提高实时数据分析的能力和水平。

（四）实时数据分析对管理会计决策的动态支持作用

通过实时数据分析的应用，管理会计能够更加及时地反映企业的运营状况和市场需求变化，为企业的决策提供更加动态和灵活的支持。这不仅可以帮助企业及时发现问题和机遇，还可以提高企业的响应速度和决策效率。例如，在某电商企业中，通过实时数据分析技术对销售数据进行即时处理和分析，企业能够及时发现热销产品和滞销产品，并调整库存和销售策略，从而提高销售额和客户满意度。

五、数据挖掘与分析技术的挑战与前景

（一）数据挖掘与分析技术面临的挑战

数据挖掘与分析技术在管理会计中的应用虽然取得了显著的成效，但仍面临着一些挑战。首先，数据质量和准确性是数据挖掘

与分析的基础，但现实中，数据往往存在不完整、不一致、噪声大等问题，这会影响分析结果的准确性和可靠性。其次，数据挖掘与分析算法的选择和优化也是一大挑战，不同的算法适用于不同的场景和数据类型，如何选择合适的算法并优化参数设置以提高分析效果是企业需要关注的问题。此外，人才短缺也是制约数据挖掘与分析技术应用的重要因素之一，企业需要加强人才培养和引进工作。

（二）应对挑战的策略与建议

为了应对数据挖掘与分析技术面临的挑战，企业可以采取以下策略和建议。首先，加强数据质量管理，建立完善的数据治理体系，确保数据的完整性、准确性和一致性。其次，深入研究和比较不同的数据挖掘与分析算法，结合企业的实际需求和场景选择合适的算法，并不断优化参数设置以提高分析效果。再次，企业还应加强与高校和研究机构的合作，借助外部专家的力量，共同研发适合企业自身特点的数据挖掘与分析算法。最后，企业应加大对人才培养和引进的投入，通过培训、招聘等方式，建立一支具备数据挖掘与分析技能的专业团队。

（三）数据挖掘与分析技术的未来前景

随着信息技术的不断进步，数据挖掘与分析技术在管理会计中的应用前景十分广阔。首先，随着大数据时代的到来，企业将面临海量的数据资源，这为数据挖掘与分析提供了丰富的素材。通过深入挖掘这些数据，企业可以发现更多潜在的商业机会，优化业务流程，提高运营效率。其次，人工智能、机器学习等技术的不断发展，将使得数据挖掘与分析更加智能化、自动化，降低技术门槛，提高分析效率。最后，随着云计算、物联网等技术的广泛应用，企业将能够实时获取和分析来自不同渠道、不同格式的数据，为管理会计提供更加全面、及时的信息支持。

（四）数据挖掘与分析技术推动管理会计的创新发展

数据挖掘与分析技术的引入，不仅提高了管理会计的数据处理能力，还推动了管理会计的创新发展。首先，通过数据挖掘与分析，管理会计能够更加深入地了解企业的运营状况和市场环境，为企业的战略规划、决策制订提供更加精准的数据支持。其次，数据挖掘与分析技术使得管理会计能够更加注重数据的预测性和前瞻性，帮助企业提前发现市场趋势和潜在风险，制订更加科学合理的应对策略。最后，数据挖掘与分析技术还促进了管理会计与其他业务部门的融合与协同，提高了企业的整体运营效率。

第三章　智能化管理会计平台架构与设计

第一节　平台总体架构设计思路

一、智能化管理会计平台的设计原则

（一）集成性与统一性

智能化管理会计平台的设计首要原则是实现系统集成与数据统一。这意味着平台需要能够整合企业内部的各个财务系统、业务流程以及外部数据源，如 ERP、CRM、供应链管理系统等，形成一个统一的数据处理和决策支持中心。通过数据集成，消除信息孤岛，确保数据的准确性和一致性，为管理会计提供全面、及时的信息基础。

（二）智能化与自动化

智能化是管理会计平台的核心特征，它要求平台能够利用人工智能、机器学习、大数据分析等先进技术，自动执行复杂的数据处理、分析预测、风险控制等任务。自动化体现在日常账务处理、报告生成、预算执行监控等环节，减少人工干预，提高工作效率

和准确性。智能化与自动化的结合，使管理会计能够更快速地响应市场变化，为企业管理层提供基于数据的决策支持。

（三）灵活性与可扩展性

随着企业业务的不断拓展和市场环境的变化，管理会计平台需要具备高度的灵活性和可扩展性。灵活性体现在能够快速适应企业组织架构、业务流程的调整，以及不同行业、地区的会计准则差异。可扩展性则要求平台能够轻松添加新功能、支持更多数据类型和分析模型，以满足企业未来发展的需求。

（四）安全性与合规性

数据安全是管理会计平台不可忽视的重要方面。平台设计必须遵循严格的数据保护标准，采用加密技术、访问控制、数据备份等措施，确保数据的机密性、完整性和可用性。同时，平台还需符合相关法律法规和行业标准，如 GDPR、SOX 等，确保企业财务信息的合规性。

二、平台架构的模块化与可扩展性考虑

（一）模块化设计

模块化设计是实现平台灵活性和可扩展性的关键。管理会计平台应划分为多个独立但又相互关联的模块，如数据采集模块、数据处理模块、分析预测模块、报告生成模块等。每个模块都有其特定的功能和接口，可以独立升级或替换，而不影响其他模块的正常运行。

（二）微服务架构

微服务架构是一种将应用程序拆分为一组小型服务的方法，每个服务都运行在其独立的进程中，并使用轻量级通信机制（如

HTTP）进行通信。这种架构有助于提升平台的可扩展性、可靠性和维护性。在管理会计平台中，可以采用微服务架构来实现不同功能模块之间的松耦合，便于功能的快速迭代和部署。

（三）开放 API 接口

开放 API 接口是平台与外部系统、应用进行集成的重要途径。通过提供标准的 API 接口，管理会计平台可以轻松地与其他系统进行数据交换和功能调用，实现与 ERP、CRM 等系统的无缝对接。同时，开放 API 也为企业自定义开发提供了可能，能够满足企业的个性化需求。

（四）云原生技术

云原生技术，如容器化、Kubernetes、Serverless 等，为管理会计平台的可扩展性和灵活性提供了有力支持。通过容器化技术，可以将应用及其依赖项打包成可移植的、轻量级的容器，实现应用的快速部署和迁移。Kubernetes 提供了容器编排和管理的能力，可以确保应用的稳定运行和的高效利用。

（五）持续集成与持续部署

持续集成（CI）和持续部署（CD）是确保平台快速迭代和高质量交付的关键实践。通过 CI/CD 流程，可以自动化地完成代码的编译、测试、打包和部署，减少人为错误，提高开发效率。在管理会计平台的设计中，应建立完善的 CI/CD 机制，确保新功能的快速上线和问题的及时修复。

三、数据流程与业务逻辑的整合策略

（一）数据采集与清洗

数据采集是管理会计平台的第一步，它要求平台能够支持多种数据源和数据格式的导入，如数据库、文件、API 等。在数据采集过程中，还需要进行数据清洗，去除重复、无效或错误的数据，确保数据的准确性和一致性。

（二）数据存储与管理

数据存储与管理是平台的核心功能之一。平台应采用高效的数据存储技术，如分布式数据库、数据仓库等，以支持大规模数据的存储和快速查询。同时，还需要建立数据管理机制，包括数据备份、恢复、权限管理等，确保数据的安全性和可用性。

（三）数据处理与分析

数据处理与分析是管理会计平台的核心价值所在。平台应提供丰富的数据处理功能，如数据聚合、转换、过滤等，以满足不同业务场景的需求。同时，还需要集成先进的数据分析算法和模型，如机器学习、深度学习等，以支持复杂的数据分析和预测。

（四）业务逻辑整合

业务逻辑整合是确保平台能够满足企业实际需求的关键。平台设计需要深入分析企业的业务流程和管理需求，将业务逻辑融入平台的各个功能模块中。例如，在预算执行监控模块中，需要整合预算制订、执行、调整等业务流程，确保平台能够实时反映企业的预算状况。

（五）报告生成与可视化

报告生成与可视化是管理会计平台的重要输出。平台应提供灵活的报告生成工具，支持用户自定义报告模板、数据字段和展示方式。同时，还需要集成先进的可视化技术，如图表、仪表盘等，以直观展示数据分析结果和业务洞察。

四、用户交互与体验设计的重点

(一) 界面简洁明了

界面设计是用户交互与体验的基础。管理会计平台的界面应简洁明了，避免过多的冗余信息和复杂的操作步骤。通过合理的布局、清晰的导航和直观的图标，引导用户快速找到所需功能和信息。

(二) 操作流程优化

操作流程的优化是提升用户体验的关键。平台应深入分析用户的操作流程和需求，通过简化步骤、提供快捷键、自动填充等方式，降低用户的操作负担和学习成本。同时，还需要提供操作指南和帮助文档，以便用户在遇到问题时能够快速找到解决方案。

(三) 个性化定制

个性化定制是满足用户多样化需求的重要途径。管理会计平台应提供丰富的个性化设置选项，如界面主题、字体大小、快捷键设置等，让用户能够根据自己的喜好和需求进行定制。此外，平台还可以根据用户的操作习惯和偏好，智能推荐相关功能和信息，提升用户的使用体验。

(四) 响应速度与稳定性

响应速度和稳定性是用户交互与体验的重要指标。管理会计平台应采用高效的技术架构和优化的算法，确保平台的快速响应和稳定运行。同时，还需要建立完善的监控和报警机制，及时发现并处理平台运行中的问题和故障。

第二节 数据采集与预处理模块

一、多源数据的采集机制与技术选择

（一）确定数据采集范围与目标

在智能化管理会计平台中，数据采集是首要且关键的一步。需明确数据采集的范围，这包括但不限于企业内部各财务系统（如 ERP、财务软件）、业务系统（如 CRM、供应链管理系统）、外部数据源（如市场数据、行业报告）以及非结构化数据（如邮件、文档）。同时，要设定清晰的数据采集目标，确保所采集的数据能够满足管理会计分析、决策支持的需求。

（二）选择合适的数据采集技术

针对不同的数据源和数据类型，需选择相应的数据采集技术。对于结构化数据，如数据库中的数据，可采用 ETL（Extract，Transform，Load）工具进行数据的抽取、转换和加载；对于半结构化或非结构化数据，如日志文件、网页数据，可利用爬虫技术、API 接口或文本解析技术进行采集。此外，对于实时性要求较高的数据，可采用流处理技术进行实时数据采集。

（三）建立数据采集的自动化机制

为了提高数据采集的效率和准确性，应建立自动化数据采集机制，通过配置数据采集任务、设定采集频率和触发条件，实现数据的自动采集和更新。这不仅可以减少人工干预，降低错误率，还能确保数据的及时性和完整性。

（四）处理数据采集中的异常与错误

在数据采集过程中，难免会遇到各种异常和错误，如网络故障、数据源变化、数据格式不匹配等。因此，需设计相应的异常处理机制，如重试机制、错误日志记录、异常报警等，以确保数据采集的连续性和稳定性。

二、数据清洗与格式化处理方法

（一）数据清洗的基本流程

数据清洗是确保数据质量的关键步骤。其基本流程包括数据去重、缺失值处理、异常值检测与处理、数据格式转换等。通过数据清洗，可以消除数据中的噪声和错误，提高数据的准确性和一致性。

（二）缺失值处理方法

缺失值是数据中常见的问题之一。对于缺失值，可采用多种方法进行处理，如删除含有缺失值的记录、用均值或中位数填补缺失值、使用插值法或回归模型预测缺失值等。选择何种方法取决于缺失值的数量、分布以及对分析结果的影响。

（三）异常值监测与处理

异常值是指与数据集中其他值显著不同的值。异常值可能是由于数据录入错误、测量误差或极端事件等原因造成的。对于异常值，需进行检测和处理，以避免其对分析结果产生误导。常用的异常值检测方法包括统计方法（如 3σ 原则、箱线图）、机器学习方法（如聚类分析、孤立森林）等。

三、数据质量与完整性保障机制

（一）数据质量评估指标体系

为了确保数据的质量和完整性，需建立数据质量评估指标体系。该体系应包括数据的准确性、完整性、一致性、及时性和可解释性等指标。通过定期对这些指标进行评估和监控，可以及时发现数据质量问题并采取相应的改进措施。

（二）数据完整性校验方法

数据完整性是指数据的全面性和无遗漏性。为了确保数据的完整性，需采用多种方法进行校验。例如，可以利用数据库中的约束条件（如主键、外键、唯一性约束）进行数据完整性校验；还可以采用数据对比、数据平衡检查等方法，确保数据的全面性和一致性。

（三）数据一致性维护策略

数据一致性是指数据在不同系统、不同时间点上的准确性和一致性。为了维护数据的一致性，需采用相应的策略和方法。例如，可以采用数据同步机制，确保不同系统之间的数据实时更新和一致；还可以利用数据版本控制、数据回溯等技术，确保数据在历史时间点上的一致性和可追溯性。

（四）数据质量问题的处理流程

在数据质量和完整性保障过程中，难免会遇到各种数据质量问题。为了有效处理这些问题，需建立相应的处理流程。该流程应包括问题发现、问题记录、问题分析、问题处理、问题验证和问题关闭等环节。通过规范化的处理流程，可以确保数据质量问题的及时发现和有效解决。

（五）数据质量与完整性保障的持续改进

数据质量与完整性保障是一个持续的过程。为了不断提升数据的质量和完整性水平，需进行持续改进。这包括定期对数据质量评估指标体系进行更新和优化、采用新的数据清洗和校验技术、加强数据质量管理培训等措施。通过持续改进，可以不断提升数据的质量和完整性水平，为管理会计提供可靠的数据支持。

四、数据存储与备份策略

（一）数据存储技术的选择

在智能化管理会计平台中，数据存储是关键环节之一。为了满足大规模、高性能的数据存储需求，需选择合适的数据存储技术。例如，可以采用分布式数据库、数据仓库或云存储等技术，实现数据的高效存储和访问。同时，还需考虑数据的可扩展性、可用性和安全性等因素。

（二）数据存储架构的设计

数据存储架构的设计应满足管理会计平台的需求和目标。这包括确定数据的存储方式（如集中式存储、分布式存储）、设计数据的存储结构（如星形模型、雪花模型）、设定数据的访问权限和安全性策略等。通过合理的数据存储架构设计，可以确保数据的高效存储和访问，同时保障数据的安全性和隐私性。

（三）数据备份与恢复机制

为了确保数据的可靠性和可用性，需建立数据备份与恢复机制。

这包括定期备份数据、制订数据恢复计划、测试数据恢复过程等措施。通过数据备份与恢复机制，可以在数据丢失或损坏时及时恢复数据，确保管理会计平台的正常运行和数据的安全性。

（四）数据存储的性能优化

随着数据量的不断增加和访问频率的提高，数据存储的性能成为一大挑战。为了提升数据存储的性能，需进行性能优化。这包括采用缓存技术、数据分片技术、数据压缩技术等措施，提高数据的访问速度和存储效率。同时，还需对数据存储架构进行定期评估和优化，以适应不断变化的数据存储需求。

五、数据隐私与安全防护措施

（一）数据隐私保护原则与政策

在智能化管理会计平台中，数据隐私保护是至关重要的。为了保障用户的隐私权益和数据的安全性，需制订数据隐私保护原则和政策。这包括明确数据的使用目的、范围、方式和期限；确保数据的合法、正当和必要使用；采取相应的技术和管理措施，保护数据的机密性、完整性和可用性。

（二）数据访问控制与权限管理

为了确保数据的安全性和隐私性，需建立数据访问控制与权限管理机制。这包括对用户进行身份验证和授权、设定数据的访问权限和角色、监控数据的访问行为和使用情况等措施。通过数据访问控制与权限管理，可以确保只有授权用户才能访问和使用数据，防止数据的非法访问和泄漏。

（三）数据加密与传输安全

为了确保数据在传输过程中的安全性，需采用数据加密和传输安全技术。这包括对数据进行加密处理，确保数据的机密性；采用安全的传输协议（如 HTTPS、SSL/TLS）进行数据传输，防止数据的截获和篡改。同时，还需对数据传输过程进行监控和审计，确保数据的传输安全和可靠性。

（四）数据防泄露与应急响应机制

为了防止数据的泄露和丢失，需建立数据防泄露和应急响应机制。这包括加强数据的物理安全、网络安全和应用安全，制订数据泄露应急预案和响应流程，定期进行数据泄露演练和培训等措施。通过数据防泄露与应急响应机制，可以在数据泄露或丢失时及时采取措施，降低损失和风险。

（五）数据安全与隐私保护的持续改进

数据安全与隐私保护是一个持续的过程。为了不断提升数据安全与隐私保护的水平，需进行持续改进。这包括定期对数据安全与隐私保护策略进行评估和更新、采用新的数据加密和防护技术、加强数据安全与隐私保护培训等措施。通过持续改进，可以不断提升数据安全与隐私保护的水平，为管理会计平台提供可靠的数据安全保障。同时，也需关注数据安全与隐私保护领域的最新动态和法规要求，确保平台的合规性和安全性。

第三节　智能分析与决策支持模块

一、基于机器学习的财务数据分析模型

（一）模型选择与构建

在智能化管理会计平台中，基于机器学习的财务数据分析模型是核心组件之一。首先，需根据财务数据的特性和分析需求，选择合适的机器学习模型。常见的模型包括线性回归、逻辑回归、决策树、随机森林、支持向量机以及神经网络等。对于时间序列数据，还可考虑使用时间序列分析模型，如 ARIMA、LSTM 等。

在模型构建过程中，需对财务数据进行预处理，包括数据清洗、特征选择、特征工程等步骤。通过预处理，可以消除数据中的噪声和异常值，提取有用的特征，为模型训练提供高质量的输入。

（二）模型训练与优化

模型训练是机器学习项目中的关键环节。在训练过程中，需选择合适的损失函数和优化算法，对模型参数进行迭代更新，直至达到收敛或满足停止条件。为了提高模型的泛化能力，还需采用交叉验证、正则化等技术，防止模型过拟合。

在模型优化方面，可以通过调整超参数、改进模型结构、增加数据多样性等方式，提升模型的性能和准确性。此外，还可以利用集成学习方法，如 Bagging、Boosting 等，结合多个模型的预测

结果，进一步提高分析的准确性和鲁棒性。

（三）财务预测与趋势分析

基于机器学习的财务数据分析模型，可以实现对企业财务状况的预测和趋势分析。例如，可以利用时间序列分析模型预测企业的未来收入、成本、利润等关键财务指标；利用分类模型评估企业的信用风险、破产风险等；利用回归模型分析企业财务指标与市场份额、客户满意度等非财务指标之间的关系。

通过预测和趋势分析，企业可以及时了解自身的财务状况和市场环境，为制订财务战略和决策提供依据。同时，还可以对预测结果进行敏感性分析，评估不同因素对财务状况的影响，为企业的风险管理提供支持。

（四）异常监测与风险识别

在财务数据分析中，异常检测和风险识别是重要的任务之一。基于机器学习的模型可以自动识别数据中的异常点和潜在风险，如异常的交易行为、不合理的成本控制等。通过异常检测，企业可以及时发现并处理财务问题，防止损失扩大。

在风险识别方面，可以利用机器学习模型对财务数据进行深度挖掘，发现潜在的风险因素和关联关系。例如，可以利用聚类分析对客户进行细分，识别出高风险客户群体；利用关联规则挖掘发现财务数据中的异常关联关系等。通过风险识别，企业可以制订针对性的风险管理策略，降低财务风险。

二、多维数据可视化技术的运用

(一) 可视化技术概述与选择

多维数据可视化技术是智能化管理会计平台中的重要组成部分。通过可视化技术，可以将复杂的财务数据以直观、易懂的方式呈现出来，帮助用户更好地理解和分析数据。常见的可视化技术包括图表、仪表盘、地图、散点图、热力图等。

在选择可视化技术时，需根据财务数据的特性和分析需求进行综合考虑。例如，对于时间序列数据，可以采用折线图或面积图来展示数据的趋势和变化；对于分类数据，可以采用柱状图或饼图来展示数据的分布和比例；对于地理空间数据，可以采用地图来展示数据的地理分布和关联关系。

(二) 财务数据可视化设计原则

在财务数据可视化设计过程中，需遵循一定的设计原则，以确保可视化的效果和用户体验。首先，需保持简洁明了，避免过多的信息和复杂的图表导致用户混淆和疲劳。其次，需注重数据的可读性和可解释性，确保用户能够轻松理解图表中的信息和含义。最后，还需考虑数据的交互性和动态性，允许用户通过交互操作来探索和分析数据，以及展示数据的动态变化过程。

(三) 财务数据可视化实现方法

财务数据可视化的实现方法主要包括数据准备、图表设计、交互设计、部署与发布等。在数据准备阶段，需对财务数据进行清洗、转换和聚合等操作，以满足可视化需求。在图表设计阶段，需选择合适的图表类型和样式，并设置相应的数据映射和布局。

在交互设计阶段，需设计用户交互界面和交互逻辑，允许用户通过点击、拖拽、缩放等操作与图表进行交互。在部署与发布阶段，需将可视化作品集成到智能化管理会计平台中，供用户访问和使用。

（四）财务数据可视化案例分析

通过财务数据可视化技术，可以实现多种财务分析场景的可视化展示。例如，可以利用折线图展示企业的历史收入、成本和利润等财务指标的变化趋势；利用柱状图展示不同产品、地区或客户群体的销售额和市场份额；利用散点图展示财务指标之间的关联关系和异常点等。

以某企业为例，该企业通过财务数据可视化技术实现了对销售数据的深入分析。通过折线图展示了不同产品的销售额随时间的变化趋势，帮助企业了解产品的销售情况和市场趋势；通过柱状图展示了不同地区的销售额和市场份额，帮助企业了解地区间的销售差异和市场潜力；还通过散点图展示了销售额与利润之间的关联关系，帮助企业发现高利润的产品和客户群体，为制订销售策略和决策提供了依据。

三、风险预警与预测分析系统

（一）风险预警系统概述与功能

风险预警系统是智能化管理会计平台中的重要组成部分，旨在帮助企业及时发现并处理潜在的财务风险。通过风险预警系统，企业可以对财务数据进行实时监控和分析，识别出潜在的风险因素和异常行为，并及时发出预警信号，为企业的风险管理提供决策支持。

风险预警系统的主要功能包括数据采集与处理、风险识别与评估、预警信号生成与发布、风险处理与反馈等。通过数据采集与处理功能，系统可以实时获取企业的财务数据和市场信息，并进行清洗、转换和存储等操作。通过风险识别与评估功能，系统可以利用机器学习、统计分析等方法对财务数据进行深度挖掘和分析，发现潜在的风险因素和关联关系。通过预警信号生成与发布功能，系统可以根据预设的预警规则和阈值生成预警信号，并通过邮件、短信、APP 推送等方式及时发布给相关人员。通过风险处理与反馈功能，系统可以记录风险处理的过程和结果，并为后续的风险管理提供经验和教训。

（二）预测分析系统的构建与应用

预测分析系统是智能化管理会计平台中的另一重要组成部分，旨在帮助企业预测未来的财务状况和市场趋势。通过预测分析系统，企业可以利用历史数据和机器学习模型对未来的财务指标进行预测和模拟，为企业的财务规划和决策提供依据。

预测分析系统的构建主要包括数据准备、模型选择与训练、预测结果生成与解释等步骤。在数据准备阶段，需对历史数据进行清洗、转换和特征工程等操作，以满足模型训练的需求。在模型选择与训练阶段，需根据预测目标和数据特性选择合适的机器学习模型，并进行训练和优化。在预测结果生成与解释阶段，需利用训练好的模型对未来的财务指标进行预测，并对预测结果进行解释和可视化展示。

预测分析系统在企业中的应用非常广泛。例如，可以利用预测分析系统预测企业的未来收入、成本、利润等关键财务指标，为企业的财务规划和预算制订提供依据；可以利用预测分析系统评估企业的信用风险、市场风险等，为企业的风险管理和投资决策提供支持；还可以利用预测分析系统模拟不同的财务策略和经营方案，为企业的战略规划和决策提供参考。

（三）风险预警与预测分析系统的集成与协同

风险预警系统与预测分析系统在智能化管理会计平台中相互协同，共同为企业的风险管理和决策提供支持。通过系统集成，可以实现两个系统之间的数据共享和交互，提高风险管理的效率和准确性。

在系统集成方面，可以将风险预警系统的预警信号和预测分析系统的预测结果集成到同一个界面中，方便用户进行查看和分析。同时，还可以利用预测分析系统的结果对风险预警系统的规则和阈值进行优化和调整，提高预警的准确性和及时性。

在协同工作方面，风险预警系统和预测分析系统可以相互补充和验证。例如，当风险预警系统发出预警信号时，可以利用预测分析系统对潜在的风险进行进一步的分析和评估，以确定风险的严重性和影响范围。同时，当预测分析系统生成预测结果时，也可以利用风险预警系统对预测结果中的潜在风险进行监控和预警，确保企业的财务安全。

第四节 平台安全与维护管理

一、平台安全防护体系的建立

（一）安全防护框架设计

平台安全防护体系的建立首先需从整体上设计一个坚固的安全框架。这个框架应涵盖物理安全、网络安全、系统安全、应用安全以及数据安全等多个层面。物理安全主要关注服务器、存储设备等硬件的物理防护，如机房的防火、防盗、防雷击等措施。网络安全则侧重网络架构的合理性、网络设备的配置安全以及网络流量的监控与分析。系统安全要求操作系统、数据库等基础软件的安全配置与定期更新，以防范漏洞利用和恶意攻击。应用安全关注自定义应用程序的代码安全、逻辑安全以及接口安全，确保应用不被非法篡改或利用。数据安全则是整个安全防护体系的核心，包括数据的加密存储、传输安全、访问控制以及数据备份与恢复策略。

（二）防火墙与入侵检测系统的部署

防火墙是平台安全防护的第一道防线，它通过设置访问控制规则，过滤掉不合法的网络请求，保护内部网络免受外部攻击。防火墙的配置应基于最小化原则，即仅允许必要的网络流量通过，同时应定期审查并更新防火墙规则，以适应网络环境的变化。入侵检测系统（IDS）是对防火墙的补充，它能够实时监控网络流量，发现并报告潜在的攻击行为，如异常访问模式、恶意代码传播等。IDS 的部署应覆盖关键网络节点，如服务器入口、数据库连接等，以确保及时发现并响应安全事件。

（三）身份认证与授权机制

身份认证是确保用户身份真实性的关键步骤，通常采用用户名密码、数字证书、生物特征等多种方式。平台应支持多因素认证，以提高认证的安全性。授权机制决定了用户在平台上的操作权限，应根据用户的角色和职责进行细粒度的权限划分，确保用户只能访问和操作其权限范围内的资源。此外，平台还应实施会话管理策略，如超时自动退出、强制密码复杂度等，以进一步提高安全性。

（四）安全审计与日志管理

安全审计是对平台安全状况进行全面检查的过程，包括对系统配置、网络流量、用户行为等多方面的审计。审计结果应形成详细的审计报告，用于发现潜在的安全风险并提出改进建议。日志管理则是记录平台运行过程中的各类事件，如用户登录、操作执行、系统错误等。日志应集中存储并定期进行备份和分析，以便在发生安全事件时能够快速定位问题原因和追溯事件过程。

二、数据备份与灾难恢复计划

（一）数据备份策略的制订

数据备份是保障数据安全的重要手段。平台应制订全面的数据备份策略，包括备份频率、备份方式、备份存储位置以及备份数据的恢复测试等。备份频率应根据数据的重要性和变化频率来确定，如关键业务数据应实现实时或定时备份。备份方式可采用完全备份、增量备份或差异备份等，以优化存储空间和备份效率。备份数据应存储在安全可靠的位置，如异地备份中心或云存储服务，以防止本地灾难导致备份数据丢失。

（二）备份数据的存储与管理

备份数据的存储与管理是确保备份数据可用性和安全性的关键。备份数据应采用加密存储，以防止数据泄露。同时，应建立备份数据的访问控制机制，确保只有授权人员能够访问和操作备份数据。此外，还应定期对备份数据进行恢复测试，以验证备份数据的完整性和可用性。在测试过程中，应注意避免对生产环境造成影响。

（三）灾难恢复计划的制定与实施

灾难恢复计划是平台安全防护体系的重要组成部分。计划应明确灾难恢复的目标、范围、流程以及责任分工等。在制订计划时，应充分考虑各种可能的灾难场景，如自然灾害、人为破坏、技术故障等，并针对每种场景制订相应的恢复措施。计划实施过程中，应加强与相关部门的沟通与协作，确保在灾难发生时能够迅速启动恢复流程并有效应对。

（四）恢复流程的演练与优化

恢复流程的演练是检验灾难恢复计划有效性的重要手段。平台应定期组织恢复演练，模拟真实的灾难场景，检验恢复流程的合理性和可操作性。通过演练，可以发现恢复流程中存在的问题和不足，并及时进行改进和优化。同时，演练还可以提高相关人员的应急响应能力和团队协作水平。

（五）备份与恢复技术的持续更新

随着技术的不断发展，备份与恢复技术也在不断更新换代。平台应密切关注备份与恢复技术的最新动态，及时引进先进的技术和工具，以提高备份与恢复的效率和可靠性。同时，还应加强对相关人员的培训和技术支持，确保他们能够熟练掌握并有效运用新技术。

三、系统性能监控与优化措施

（一）性能监控体系的构建

系统性能监控体系是确保平台稳定运行的重要保障。体系应涵盖硬件性能监控、软件性能监控以及网络性能监控等多个方面。硬件性能监控主要关注 CPU、内存、磁盘等硬件资源的使用情况，以及硬件故障预警。软件性能监控则侧重操作系统、数据库、应用程序等软件的运行状况，如进程状态、内存占用、响应时间等。网络性能监控关注网络带宽、延迟、丢包率等网络指标，以确保网络通信的顺畅。

（二）监控工具的选择与配置

选择合适的监控工具是构建性能监控体系的关键。工具应具备实时监控、历史数据分析、报警与通知等功能。在配置监控工具时，应根据平台的实际情况和需求，设置合理的监控指标和阈值，以便及时发现性能瓶颈和异常情况。同时，还应定期对监控工具进行更新和维护，确保其正常运行和准确性。

（三）性能优化策略的制订与实施

性能优化是提升平台运行效率的重要手段。在制订性能优化策略时，应综合考虑硬件升级、软件优化、网络调整等多个方面。硬件升级可以通过增加内存、更换高速硬盘、升级 CPU 等方式来提升系统性能。软件优化则可以通过优化代码、调整配置参数、使用缓存技术等方式来减少资源消耗和提高响应速度。网络调整可以通过优化网络架构、增加带宽、配置负载均衡等方式来提升网络通信效率。

四、用户权限与访问控制管理

（一）用户权限管理策略

用户权限管理是确保平台安全访问的重要基础。平台应制订明确的用户权限管理策略，包括用户角色的定义、权限的分配与调整、权限的审查与审计等方面。用户角色应根据用户的职责和需求进行划分，如管理员、普通用户、访客等。权限的分配与调整应遵循最小化原则，即用户只能获得其工作所需的最低权限。权限的审查与审计则应定期进行，以确保权限的合理性和安全性。

（二）访问控制机制的实现

访问控制机制是确保用户只能访问其权限范围内资源的关键。平台应采用多种访问控制手段，如基于角色的访问控制（RBAC）、基于属性的访问控制（ABAC）等，来实现细粒度的访问控制。同时，还应加强对敏感数据和关键操作的访问控制，如采用双重认证、操作审计等方式来增强安全性。

（三）用户身份认证与授权流程

用户身份认证是确保用户身份真实性的重要步骤。平台应采用可靠的身份认证机制，如用户名密码、数字证书、生物特征等，来验证用户的身份。授权流程则应明确用户权限的申请、审批、分配等步骤，以确保权限管理的规范性和安全性。在授权过程中，应加强对用户权限的审核和监督，防止权限滥用和非法访问。

（四）权限变更与审计管理

权限变更管理是确保用户权限随业务变化而及时调整的重要环节。当用户的职责或需求发生变化时，应及时对其权限进行调整，并记录权限变更的过程和结果。同时，还应定期对权限进行审计，检查是否存在权限滥用、非法访问等问题，并及时进行整改。

（五）用户权限与访问控制的培训与支持

为了确保用户权限与访问控制的有效实施，平台应加强对相关人员的培训和支持。培训内容包括用户权限管理策略、访问控制机制、身份认证与授权流程等方面。通过培训，可以提高相关人员的安全意识和操作技能，确保他们能够正确执行权限与访问控制的管理要求。同时，平台还应提供必要的技术支持和咨询服务，帮助用户解决在使用过程中遇到的问题和困难。

五、平台维护与升级策略

（一）平台维护计划的制订与实施

平台维护是确保平台稳定运行和延长使用寿命的关键。平台应制订全面的维护计划，包括日常维护、定期维护以及突发故障处理等。日常维护主要包括对硬件设备的巡检、软件系统的更新与补丁安装、网络设备的配置检查等。定期维护包括对硬件设备的清洁与保养、固件升级，以及对软件系统的性能调优、安全更新等。突发故障处理要求建立快速响应机制，确保在出现故障时能够迅速定位问题、采取措施并恢复服务。

（二）平台升级策略的规划与执行

平台升级是保持技术先进性和业务连续性的重要手段。升级策略应涵盖操作系统、数据库、中间件、应用程序等各个层面，并根据业务需求和技术发展趋势进行规划。在升级前，应进行充分的测试，确保新版本与现有环境的兼容性、稳定性和安全性。升级过程中，应采取逐步迁移、灰度发布等方式，以降低升级风险和对业务的影响。升级后，还应进行性能监控和效果评估，及时调整优化策略。

（三）维护与升级的文档记录与知识管理

维护与升级过程中的文档记录和知识管理对于后续的工作至关重要。应建立详细的维护与升级日志，记录每次维护与升级的时间、内容、操作人员、遇到的问题及解决方案等信息。同时，还应整理和维护相关的技术文档、操作手册和故障排查指南，以便在需要时能够快速查找和参考。这些知识资源不仅有助于提高工作效率，还能为新员工提供培训和指导。

（四）维护与升级的自动化与智能化探索

随着技术的不断进步，自动化和智能化在平台维护与升级中的应用越来越广泛。通过引入自动化工具和智能算法，可以实现维护任务的自动调度、执行和监控，以及升级过程的自动化测试和智能决策。这不仅可以提高维护与升级的效率和质量，还能减少人为错误和降低运维成本。因此，平台应积极探索和引入自动化与智能化技术，不断提升维护与升级的能力和水平。

（五）维护与升级的合作伙伴与供应商管理

在平台维护与升级过程中，合作伙伴与供应商的支持和配合至关重要。应建立稳定的合作关系，明确双方的责任和义务，确保在维护与升级过程中能够得到及时、有效的支持和服务。同时，还应定期对合作伙伴与供应商进行评估和考核，确保其提供的产品和服务符合平台的要求和标准。应通过加强与合作伙伴与供应商的沟通与协作，共同推动平台维护与升级工作的顺利进行。

第四章 数据驱动下的成本控制与预算管理

第一节 数据驱动的成本分析方法

一、基于大数据的成本构成分析

（一）数据收集与整合

在基于大数据的成本构成分析中，首要步骤是全面收集企业运营过程中产生的各类数据。这些数据包括但不限于原材料采购、生产过程、物流配送、市场营销、人力资源以及财务管理等各个环节的成本数据。为了确保数据的准确性和完整性，企业需要建立高效的数据收集机制，并借助先进的数据整合技术，将来自不同来源、不同格式的数据进行清洗、转换和整合，形成统一、规范的数据集，为后续的成本分析奠定坚实基础。

（二）成本分类与细化

在数据整合的基础上，企业需要对成本进行细致的分类和细化。传统成本分类通常按照直接成本和间接成本、固定成本和变动成本等维度进行划分。而在大数据背景下，企业可以进一步细化成本分类，如将直接成本细分为原材料成本、人工成本、设备折旧等，将间接成本细分为管理费用、销售费用、研发费用等。同时，还可以根据业务特点和管理需求，设置更为具体的成本子项，以便更准确地反映成本构成和分布情况。

（三）成本趋势分析与预测

通过对历史成本数据的深入挖掘和分析，企业可以揭示成本随时间变化的趋势和规律。这有助于企业识别成本增长或下降的驱动因素，为未来的成本控制和预算管理提供有力支持。此外，结合时间序列分析、回归分析等统计方法，企业还可以建立成本预测模型，对未来一段时间内的成本水平进行预测，为企业的战略规划和决策制订提供科学依据。

（四）成本关联分析与优化建议

在大数据环境下，企业可以利用关联分析技术，探究不同成本项目之间的内在联系和相互影响。例如，通过分析原材料成本与产品售价、生产效率与人工成本等之间的关联关系，企业可以发现潜在的成本节约机会，并提出相应的优化建议。这些建议可能涉及采购策略的调整、生产流程的改进、营销策略的优化等方面，有助于企业全面提升成本控制能力和市场竞争力。

二、成本动因分析与数据挖掘技术

（一）成本动因识别

成本动因是指导致成本发生变化的关键因素。在数据挖掘技术的支持下，企业可以对大量成本数据进行深入分析，识别出影响成本的主要动因。这些动因可能包括生产规模、产品质量、市场需求、供应链效率等。通过准确识别成本动因，企业可以更有针对性地制订成本控制策略，实现成本的有效降低。

（二）数据挖掘技术应用

数据挖掘技术在成本动因分析中具有广泛应用。例如，利用聚类分析技术，企业可以将具有相似成本特征的产品或服务进行分组，从而发现不同组别之间的成本差异和原因；利用决策树技术，企业可以构建成本决策模型，为不同的成本动因设置合理的阈值和权重，以便在成本控制过程中作出更明智的决策；利用神经网络技术，企业可以建立成本预测模型，对未来成本水平进行精准预测，为企业的预算管理提供有力支持。

（三）成本动因优化策略

在识别成本动因的基础上，企业需要制订针对性的优化策略。对于生产规模导致的成本增加，企业可以通过扩大生产规模、提高生产效率来降低成本；对于产品质量导致的成本上升，企业可以通过加强质量控制、降低废品率来降低损失；对于市场需求变化导致的成本波动，企业可以通过灵活调整生产计划、优化库存管理来应对市场变化。这些优化策略的制订和实施需要企业各部门的紧密协作和配合，以确保成本控制目标的实现。

三、成本效益分析与预测模型

（一）成本效益分析原理

成本效益分析是一种评估项目或决策经济效果的方法。在成本控制和预算管理中，成本效益分析可以帮助企业判断某项成本支出是否值得投入，以及投入多少才能达到最佳的经济效益。成本效益分析的核心是比较成本与收益，通过计算成本效益比或净现值等指标，来评估项目的可行性和优劣。

（二）成本效益分析步骤

成本效益分析通常包括确定分析对象、收集数据、计算成本与收益、评估经济效益等步骤。在确定分析对象时，企业需要明确分析的目标和范围，确保分析的针对性和有效性；在收集数据时，企业需要全面收集与项目或决策相关的成本和收益数据，确保数据的准确性和完整性；在计算成本与收益时，企业需要采用合适的方法和工具，对数据和进行计算和分析；在评估经济效益时，企业需要综合考虑项目的长期和短期效益，以及风险和不确定性等因素，作出全面的评估。

（三）预测模型构建与应用

为了更准确地评估项目的成本效益，企业可以构建预测模型。预测模型可以根据历史数据和当前市场环境，对项目未来的成本和收益进行预测。在构建预测模型时，企业需要选择合适的预测方法和工具，如时间序列分析、回归分析、蒙特卡洛模拟等。同时，企业还需要对模型的参数和假设进行合理设置，以确保预测结果的准确性和可靠性。在应用预测模型时，企业需要将预测结果与实际情况进行对比和分析，及时调整模型参数和假设，以提高预测的准确性和实用性。

（四）成本效益分析与决策支持

成本效益分析的结果可以为企业的决策制订提供有力支持。通过比较不同项目的成本效益比或净现值等指标，企业可以优先选择经济效益较好的项目进行投资和实施。同时，成本效益分析还可以帮助企业评估不同成本控制策略的经济效果，为企业选择合适的成本控制方法提供依据。此外，成本效益分析还可以与企业的战略规划相结合，为企业的长期发展提供指导和支持。

四、实时成本监控与异常监测

（一）实时成本监控的重要性

在成本控制和预算管理中，实时成本监控具有重要意义。通过实时监控企业的成本状况，企业可以及时发现成本控制过程中存在的问题和不足，并采取相应措施进行改进。同时，实时成本监控还可以帮助企业把握市场动态和竞争对手情况，为企业的战略规划和决策制订提供有力支持。此外，实时成本监控还可以提高企业的管理效率和响应速度，有助于企业快速应对市场变化和挑战。

（二）实时成本监控系统的构建

为了实现实时成本监控，企业需要构建完善的实时成本监控系统。该系统应包括数据采集、数据处理、数据分析、预警与报警等功能模块。数据采集模块负责收集企业运营过程中产生的各类成本数据；数据处理模块负责对数据进行清洗、转换和整合；数据分析模块负责对数据进行深入挖掘和分析；预警与报警模块负责根据分析结果发出预警或报警信号，提醒企业及时采取措施进行干预。

（三）异常检测技术的应用

在实时成本监控过程中，异常检测技术具有重要作用。通过异常检测技术，企业可以及时发现成本数据中的异常值和离群点，从而识别出潜在的成本问题和风险。异常检测技术可以采用统计方法、机器学习方法或深度学习方法等多种手段进行实现。例如，利用统计方法中的 3σ 原则或箱线图等方法，可以识别出成本数据中的异常值；利用机器学习方法中的聚类分析或支持向量机等方法，可以识别出成本数据中的离群点；利用深度学习方法中的神经网络或卷积神经网络等方法，可以对复杂的成本数据进行深度挖掘和分析，发现潜在的异常模式和规律。

（四）异常处理与改进措施

在发现成本异常后，企业需要及时采取措施进行处理和改进。对于由于数据错误或录入失误导致的异常，企业需要对数据进行核对和修正；对于由于管理不善或流程不畅导致的异常，企业需要对管理流程和制度进行改进和优化；对于由于市场环境变化或竞争对手策略调整导致的异常，企业需要对市场动态和竞争对手情况进行深入分析，并制订相应的应对策略。同时，企业还需要加强对异常处理的监督和评估，确保改进措施的有效实施和成本控制目标的实现。

第二节　智能化预算管理系统的构建

一、预算数据整合与标准化处理

（一）预算数据来源的多样化

智能化预算管理系统的首要任务是整合来自企业各个部门和业务环节的预算数据。这些数据不仅包括传统的财务数据，如销售收入、成本费用、利润等，还涵盖非财务数据，如生产量、销售量、库存量等。此外，随着企业规模的扩大和业务的拓展，预算数据的来源也日益多样化，可能包括ERP系统、CRM系统、供应链管理系统等。因此，智能化预算管理系统需要具备强大的数据整合能力，能够将这些来自不同来源、不同格式的数据进行清洗、转换和整合，形成统一、规范的数据集。

（二）数据标准化处理的重要性

在数据整合过程中，数据标准化处理是至关重要的一环。不同部门和业务环节的数据可能存在差异，如数据格式、数据单位、数据精度等，因而需要进行标准化处理，以确保数据的准确性和可比性。数据标准化处理包括数据清洗、数据转换、数据归一化等步骤。通过数据清洗，可以去除数据中的冗余、错误和无效信息；通过数据转换，可以将数据转换为统一的格式和单位；通过数据归一化，可以将数据缩放到一个统一的范围内，便于后续的分析和处理。

（三）数据质量控制与校验

在数据整合和标准化处理过程中，数据质量控制与校验是必不可少的环节。企业需要建立完善的数据质量控制机制，对数据进行严格的校验和审核，确保数据的准确性和完整性。这包括对数据的逻辑性、合理性、一致性等方面进行检查，以及时发现并纠正数据中的错误和异常。同时，企业还需要定期对数据进行备份和恢复测试，以确保数据的安全性和可靠性。

（四）数据仓库与数据挖掘技术的应用

为了更好地存储和管理预算数据，企业需要建立数据仓库。数据仓库是一个面向主题的、集成的、相对稳定的、反映历史变化的数据集合，用于支持企业管理决策。在数据仓库中，企业可以对预算数据进行集中存储、管理和分析，提高数据处理的效率和准确性。此外，企业还可以利用数据挖掘技术，对预算数据进行深入挖掘和分析，发现潜在的数据关联和规律，为预算编制和决策提供支持。

二、预算编制流程的自动化与智能化

（一）传统预算编制流程的局限性

传统的预算编制流程通常依赖于人工操作和纸质文档，存在诸多局限性。首先，人工操作容易出错，导致预算数据的不准确和不可靠；其次，纸质文档不便于存储和查询，降低了预算管理的效率和准确性；最后，传统预算编制流程缺乏灵活性和适应性，难以应对企业业务和环境的变化。因此，企业需要构建自动化与智能化的预算编制流程，以提高预算管理的效率和准确性。

（二）自动化预算编制工具的应用

为了实现预算编制流程的自动化，企业需要引入先进的自动化预算编制工具。这些工具可以利用计算机技术和算法，自动完成预算数据的收集、整合、分析和处理等工作。通过自动化预算编制工具，企业可以大大缩短预算编制周期，提高预算编制的效率和准确性。同时，这些工具还可以提供丰富的预算编制模板和参考数据，帮助企业快速制订和调整预算方案。

（三）智能化预算编制算法的研发

除了自动化预算编制工具外，企业还需要研发智能化预算编制算法。这些算法可以根据企业的历史数据和市场环境，自动预测未来的收入、成本、利润等关键指标，为预算编制提供科学依据。智能化预算编制算法还可以根据企业的战略目标和业务需求，自动优化预算分配和资源配置，提高预算的合理性和有效性。通过智能化预算编制算法，企业可以更加精准地制订预算方案，降低预算风险，提高预算管理的水平。

三、预算执行情况的动态跟踪与反馈

（一）预算执行监控的重要性

在预算管理过程中，对预算执行情况的动态跟踪与反馈是至关重要的。通过实时监控预算执行情况，企业可以及时发现预算执行过程中的问题和偏差，并采取相应措施进行纠正和调整。这有助于确保预算目标的顺利实现，提高预算管理的效果和效率。

（二）预算执行监控系统的构建

为了实现预算执行情况的动态跟踪与反馈，企业需要构建完善的预算执行监控系统。该系统应包括数据采集、数据处理、数据分析、预警与报警等功能模块。数据采集模块负责收集企业实际运营过程中产生的各类数据，如销售收入、成本费用、库存量等；数据处理模块负责对数据进行清洗、转换和整合，形成可用于分析的数据集；数据分析模块负责对数据进行深入挖掘和分析，发现预算执行过程中的问题和趋势；预警与报警模块负责根据分析结果发出预警或报警信号，提醒企业及时采取措施进行干预。

（三）预算执行差异分析与处理

在预算执行过程中，难免会出现实际执行与预算目标之间的差异。企业需要对这些差异进行深入分析，找出原因并采取相应的处理措施。差异分析可以包括定量分析和定性分析两个方面。定量分析主要是计算实际执行与预算目标之间的数额差异和比例差异；定性分析则是从市场环境、业务策略、内部管理等方面分析差异产生的原因。通过差异分析，企业可以更加准确地了解预算执行情况，为后续的预算调整和优化提供依据。

（四）预算执行反馈机制的建立

为了确保预算执行情况的及时反馈和处理，企业需要建立完善的预算执行反馈机制。这包括明确反馈的责任人和部门、制订反馈的流程和规范、建立反馈的沟通渠道和方式等。通过反馈机制，企业可以确保预算执行过程中的问题和偏差能够及时被发现和纠正，提高预算管理的效果和效率。同时，反馈机制还可以促进企业内部各部门和业务环节之间的沟通和协作，推动预算管理工作的顺利进行。

四、预算调整与优化策略的智能推荐

（一）预算调整的必要性与原则

在预算执行过程中，由于市场环境、业务策略或内部管理等因素的变化，可能需要对预算进行调整。预算调整是确保预算目标与实际执行相匹配的重要手段。在进行预算调整时，企业需要遵循一定的原则，如合理性、及时性、灵活性等。合理性原要求预算调整必须基于充分的理由和依据；及时性原要求预算调整必须及时反映市场环境和业务策略的变化；灵活性原则要求预算调整能够适应企业业务的发展和市场环境的变化。

（二）智能推荐算法的研发与应用

为了实现预算调整与优化策略的智能推荐，企业需要研发先进的智能推荐算法。这些算法可以根据企业的历史数据、市场环境以及业务策略等因素，自动分析预算执行的差异和原因，并给出相应的调整和优化建议。智能推荐算法可以利用机器学习、深度学习等技术进行实现，通过不断学习和优化，提高推荐的准确性和有效性。通过智能推荐算法的应用，企业可以更加科学地进行预算调整和优化，提高预算管理的水平和效果。

（三）预算调整方案的制订与实施

在智能推荐算法的基础上，企业需要制订具体的预算调整方案。预算调整方案应明确调整的目标、内容、时间表和责任人等要素，确保调整工作的顺利进行。同时，企业还需要加强对预算调整方案的实施和监控，确保调整措施得到有效执行。在实施过程中，企业需要关注调整措施对业务运营和财务状况的影响，及时调整和优化调整方案，确保预算目标的实现。

（四）预算优化策略的制订与推进

除了预算调整外，企业还需要制订长期的预算优化策略。预算优化策略应基于企业的战略目标和业务需求进行制订，包括优化预算分配、提高预算使用效率、加强内部管理等。企业需要建立完善的预算优化机制，明确优化的目标和责任分工，制订具体的优化措施和时间表。同时，企业还需要加强预算优化策略的推进和落实工作，确保优化措施得到有效执行并取得实效。

五、预算管理系统与其他财务系统的集成

（一）系统集成的重要性与意义

在企业管理信息化背景下，预算管理系统与其他财务系统的集成具有重要意义。通过系统集成，企业可以实现数据的共享和流通，提高数据处理的效率和准确性；同时，还可以促进各部门和业务环节之间的沟通和协作，推动企业管理工作的顺利进行。系统集成有助于提升企业的整体管理水平和竞争力。

（二）系统集成的技术架构与实现方式

为了实现预算管理系统与其他财务系统的集成，企业需要构建完善的技术架构。技术架构应包括数据层、应用层、表示层等层次结构。数据层负责数据的存储和管理；应用层负责实现各种业务逻辑和功能，如预算数据的整合、标准化处理、预算编制、执行监控、调整优化等；表示层提供用户界面，方便用户与系统进行交互。在技术架构的设计过程中，企业需要充分考虑系统的可扩展性、可维护性和安全性等因素，确保系统的稳定运行和数据的准确无误。

实现系统集成的方式有多种，包括 API 接口对接、数据库共享、中间件集成等。企业可以根据自身的实际情况和需求，选择合适的集成方式。例如，通过 API 接口对接，可以实现不同系统之间的数据交换和功能调用；通过数据库共享，可以实现不同系统对同一数据源的访问和操作；通过中间件集成，可以实现不同系统之间的消息传递和流程协同。

（三）系统集成的关键技术与挑战

在系统集成过程中，企业可能会面临一些关键技术和挑战。首先，数据一致性和完整性是系统集成的重要问题。不同系统之间的数据可能存在差异和冲突，需要进行清洗、转换和整合，以确保数据的一致性和完整性。其次，系统之间的接口对接和通信也是系统集成的关键。企业需要制订统一的接口标准和规范，确保不同系统之间的顺畅交互和数据流通。此外，系统的安全性和稳定性也是系统集成需要重点关注的问题。企业需要加强系统的安全防护措施，确保数据的安全性和隐私保护；同时，还需要对系统进行定期的维护和优化，确保系统的稳定运行和性能提升。

第三节　成本控制与预算执行的实时监控

在企业管理中，成本控制与预算执行的实时监控是确保项目成功和企业盈利的关键环节。通过实时对比成本数据与预算数据、建立预警机制、智能推荐控制措施以及可视化展示预算执行进度，企业可以有效地管理资源，优化成本结构，确保预算目标的实现。

一、成本数据与预算数据的实时对比

（一）数据采集与整合

实时对比成本数据与预算数据的前提是准确、及时地收集相关信息。企业应建立完善的数据采集体系，涵盖所有成本发生环节，包括原材料采购、生产加工、物流运输、市场营销等。通过 ERP 系统、财务软件等工具，实现数据的自动采集和整合，确保数据的准确性和时效性。

（二）成本分类与预算分配

为了进行有效的对比，企业需要对成本进行分类，如直接成本、间接成本、固定成本和变动成本等。同时，根据预算计划，将预算分配到各个成本类别和具体的成本项目上。这样，在实际成本发生时，可以立即与预算进行对比，及时发现偏差。

（三）实时对比与分析

通过数据分析工具，企业可以实时对比成本数据与预算数据，计算偏差率和偏差金额。对于超出预算的项目，应进行深入分析，找出原因，如市场价格波动、生产效率下降、管理不善等。通过对比分析，企业可以及时调整经营策略，控制成本。

（四）偏差处理与反馈

当发现成本偏差时，企业应建立快速响应机制，及时采取措施进行处理。对于可控制的偏差，如生产效率下降导致的成本增加，应通过改进生产工艺、提高员工技能等方式进行纠正。对于不可控制的偏差，如市场价格波动，企业应考虑调整预算或寻找替代供应商。同时，将处理结果反馈给相关部门和人员，以便他们了解偏差情况并采取相应措施。

（五）持续优化与改进

成本数据与预算数据的实时对比是一个持续的过程。企业应定期对比结果进行分析和总结，找出成本控制和预算执行中存在的问题和不足，提出改进建议。通过不断优化数据采集、分类、对比和分析的方法，提高成本控制和预算执行的效率和准确性。

二、成本超支与预算偏差的预警机制

（一）预警指标设置

为了及时发现成本超支和预算偏差，企业应设置合理的预警指标。这些指标可以包括成本偏差率、成本超支金额、预算执行进度等。通过设定阈值，当实际成本超过预算或偏差达到一定程度时，触发预警机制。

（二）预警信号发送

当预警指标达到或超过阈值时，企业应通过邮件、短信、系统提示等方式，及时将预警信号发送给相关部门和人员。预警信号应包含详细的偏差信息，如偏差项目、偏差金额、偏差原因等，以便接收者能够迅速了解情况并采取措施。

（三）预警响应流程

企业应建立明确的预警响应流程，确保在收到预警信号后，能够迅速启动应对措施。流程应包括预警信号的接收、分析、处理、反馈等环节，并明确各个环节的责任人和时间节点。通过规范的流程，确保预警机制的有效运行。

（四）预警效果评估

为了评估预警机制的效果，企业应定期对预警信号的触发情况、处理结果和反馈情况进行统计和分析。通过评估，了解预警机制的准确性和及时性，发现存在的问题和不足，提出改进建议。同时，将评估结果作为优化预警机制和提高成本控制水平的重要依据。

三、成本控制措施的智能推荐与执行跟踪

（一）智能分析与推荐

借助大数据和人工智能技术，企业可以对成本数据进行深入分析，发现成本控制的潜在问题和改进空间。通过机器学习算法，系统可以根据历史数据和当前情况，智能推荐成本控制措施，如优化采购策略、提高生产效率、降低能耗等。这些措施可以帮助企业降低成本，提高盈利能力。

（二）措施执行计划制定

在智能推荐的基础上，企业应制订详细的措施执行计划。计划应包括措施的具体内容、执行时间、责任人、预期效果等。通过制订计划，确保措施的有序实施和有效监控。同时，计划应与企业的整体战略和目标保持一致，确保成本控制措施的有效性和可持续性。

（三）执行跟踪与监控

在措施执行过程中，企业应建立跟踪与监控机制，确保措施按

计划执行并取得预期效果。通过定期检查和评估，了解措施的执行进度和效果，及时发现并解决问题。同时，将执行结果与预期目标进行对比，分析偏差原因，提出改进建议。

四、预算执行进度的可视化展示与报告

（一）可视化展示设计

为了直观地展示预算执行进度，企业应设计可视化展示界面。界面应包含预算总额、已执行金额、剩余金额、执行进度等关键信息，并通过图表、仪表盘等方式进行展示。通过可视化展示，企业可以清晰地了解预算执行情况，及时发现潜在问题。

（二）报告编制与发布

除了可视化展示外，企业还应编制详细的预算执行报告。报告应包括预算执行情况的总结、偏差分析、问题识别、改进建议等内容。通过报告，企业可以向管理层和相关部门提供全面的预算执行信息，帮助他们了解预算执行情况并作出决策。同时，报告应定期发布，确保信息的及时性和准确性。

（三）报告分析与解读

在报告发布后，企业应组织相关部门和人员对报告进行分析和解读。通过分析和解读，深入了解预算执行的实际情况和存在的问题，提出改进建议。同时，将分析和解读结果作为优化预算管理和提高执行效率的重要依据。

（四）问题识别与解决

在报告分析和解读过程中，企业应重点关注预算执行中存在的

问题和偏差。对于这些问题和偏差，企业应组织相关部门和人员进行深入分析和讨论，找出原因并提出解决方案。通过及时解决问题和纠正偏差，确保预算执行的顺利进行和预算目标的实现。

综上所述，成本控制与预算执行的实时监控是企业管理的重要环节。通过实时对比成本数据与预算数据、建立预警机制、智能推荐控制措施以及可视化展示预算执行进度，企业可以有效地管理成本、优化预算分配、提高执行效率，从而实现企业的可持续发展和盈利目标。

第五章　智能化管理会计在绩效评价中的应用

　　绩效评价作为企业管理的重要组成部分，对于衡量组织效率、激励员工、指导决策具有不可替代的作用。随着智能化管理会计的兴起，绩效评价的方法和手段也迎来了革新。本章将深入探讨智能化管理会计在绩效评价中的应用，特别是绩效评价指标体系的构建以及数据驱动的绩效评价方法。

第一节　绩效评价指标体系的构建

　　绩效评价指标体系是绩效评价的基础，它直接关系评价结果的准确性和有效性。在智能化管理会计的背景下，构建科学合理的绩效评价指标体系显得尤为重要。

一、基于企业战略目标的绩效评价指标筛选

（一）明确企业战略定位与长远规划

　　在构建绩效评价指标体系之前，首先需要明确企业的战略定位

和长远规划。这有助于确定评价的重点和方向，确保评价指标与企业的整体目标保持一致。通过战略分析，可以识别出关键成功因素，进而筛选出与之相对应的绩效评价指标。

（二）识别关键业务流程与部门职责

企业内部的业务流程和部门职责是绩效评价的具体对象。在筛选评价指标时，需要深入了解各个业务流程和部门的职责，找出对实现企业战略目标至关重要的环节和因素。这些环节和因素将成为绩效评价指标的重要组成部分。

（三）确定评价指标的层次与权重

绩效评价指标通常具有层次性，包括企业级指标、部门级指标和岗位级指标等。在筛选指标时，需要明确各个指标的层次关系，并根据其对战略目标的影响程度确定相应的权重。这有助于在评价过程中突出重点，确保评价结果的合理性和公正性。

（四）考虑指标的可操作性与可衡量性

绩效评价指标需要具有可操作性和可衡量性，以便在实际评价过程中能够准确、客观地反映绩效情况。因此，在筛选指标时，需要充分考虑数据的可获取性、指标的计算方法和评价标准等因素，确保评价指标的实用性和有效性。

二、财务与非财务指标的平衡与整合

（一）财务指标的重要性与局限性

财务指标是绩效评价中不可或缺的一部分，它们能够直观地反映企业的财务状况和经营成果。然而，财务指标也具有一定的局限性，如过于关注短期利益、忽视长期发展等。因此，在构建绩效评价指标体系时，需要充分考虑财务指标的优缺点，并与其他类型的指标相结合。

（二）非财务指标的价值与补充作用

非财务指标，如客户满意度、员工满意度、市场占有率等，能够反映企业的市场地位、客户关系和员工士气等非财务方面的信息。这些指标对于评估企业的长期发展潜力和竞争力具有重要意义。在构建绩效评价指标体系时，应充分重视非财务指标的价值，并将其与财务指标相结合，以形成全面、均衡的评价体系。

（三）平衡计分卡的应用与改进

平衡计分卡是一种将财务指标与非财务指标相结合的绩效评价工具。它通过设定不同的维度和指标，将企业的战略目标分解为具体的行动计划和绩效指标。在构建绩效评价指标体系时，可以借鉴平衡计分卡的思路和方法，根据企业的实际情况进行改进和应用。

（四）关键绩效指标（KPI）的选取与设置

关键绩效指标是绩效评价中的核心指标，它们直接关联企业的战略目标和关键业务流程。在选取和设置 KPI 时，需要确保指标具有代表性、可衡量性和可操作性。同时，还需要根据企业的实际情况和市场需求进行动态调整和优化。

（五）综合评价指标体系的构建与验证

在确定了财务指标、非财务指标、平衡计分卡和 KPI 等要素后，需要构建综合的绩效评价指标体系。这一体系应涵盖企业的各个方面和层次，确保评价的全面性和准确性。同时，还需要通过实际验证和持续改进来不断完善这一体系。

三、绩效评价指标的量化与标准化处理

（一）量化处理的意义与方法

量化处理是将绩效评价指标转化为具体数值的过程。通过量化处理，可以更加直观地反映绩效情况，便于进行比较和分析。在量化处理过程中，需要选择合适的量化方法和工具，确保数据的准确性和可靠性。

（二）标准化处理的作用与步骤

标准化处理是将不同量纲和单位的评价指标转化为统一标准的过程。通过标准化处理，可以消除不同指标之间的量纲差异和不可比性，提高评价结果的准确性和公正性。在标准化处理过程中，需要遵循一定的步骤和方法，确保处理的科学性和合理性。

（三）数据清洗与预处理的重要性

在进行量化处理和标准化处理之前，需要对原始数据进行清洗和预处理。这包括去除异常值、填补缺失值、转换数据类型等操作。通过数据清洗和预处理，可以提高数据的质量和可用性，为后续的量化处理和标准化处理奠定基础。

（四）评价指标的归一化处理

归一化处理是将评价指标的值转化为介于 0 和 1 之间的过程。通过归一化处理，可以消除不同指标之间的数值差异和量纲影响，使得各指标之间具有可比性。在归一化处理过程中，需要选择合

适的归一化方法和工具，确保处理的准确性和有效性。

第二节 数据驱动的绩效评价方法

随着大数据技术的不断发展，数据驱动的绩效评价方法逐渐成为主流。这种方法通过收集和分析大量的数据，来揭示绩效背后的规律和趋势，为企业的决策提供有力的支持。

一、基于大数据的绩效评价模型构建

（一）大数据技术的引入与意义

大数据技术的引入为绩效评价提供了新的视角和手段。通过收集和分析大量的数据，可以更加全面、准确地了解企业的绩效情况。同时，大数据技术还可以帮助企业发现潜在的问题和机会，为企业的决策提供有力的支持。

（二）绩效评价模型的设计思路与框架

在构建基于大数据的绩效评价模型时，需要明确设计思路和框架。这包括确定评价的目标和范围、选择合适的评价指标和方法、构建数据处理和分析的流程等。通过科学合理的设计，可以确保评价模型的准确性和有效性。

（三）数据收集与处理的流程与方法

数据收集与处理是构建绩效评价模型的关键步骤。需要明确数据的来源和类型，选择合适的数据收集和处理方法。同时，还需要对数据进行清洗和预处理，确保数据的准确性和可用性。通过科学合理的数据收集与处理流程，可以为后续的数据分析和模型构建奠定基础。

（四）模型构建与验证的步骤与工具

在完成数据收集与处理后，需要构建绩效评价模型。这包括选择合适的建模方法和工具、进行模型训练和验证等步骤。通过科学合理的模型构建与验证流程，可以确保评价模型的准确性和可靠性。同时，还需要对模型进行持续的优化和更新，以适应不断变化的环境和需求。

二、绩效评价过程中的数据挖掘与分析技术

（一）数据挖掘技术的意义与应用场景

数据挖掘技术是一种从大量数据中提取有用信息和知识的方法。在绩效评价过程中，数据挖掘技术可以帮助企业发现潜在的规律和趋势，为企业的决策提供有力的支持。例如，通过数据挖掘技术可以发现员工绩效与某些因素之间的关联关系，从而为企业制订更加科学合理的激励政策提供依据。

（二）常用的数据挖掘方法与工具介绍

在绩效评价过程中，常用的数据挖掘方法包括关联规则挖掘、分类与预测、聚类分析等。这些方法可以帮助企业从不同的角度和层次对绩效数据进行分析和挖掘。同时，还需要选择合适的数据挖掘工具来辅助分析过程，提高分析的效率和准确性。

（三）数据预处理与特征选择的重要性

在进行数据挖掘之前，需要对原始数据进行预处理和特征选

择。这包括去除异常值、填补缺失值、转换数据类型等操作。通过数据预处理和特征选择，可以提高数据挖掘的准确性和效率。同时，还需要根据具体的挖掘任务和目标来选择合适的特征和变量进行分析。

（四）数据挖掘结果的解释与可视化展示

数据挖掘结果通常是以模型或规则的形式呈现出来的。为了方便用户理解和应用这些结果，需要对挖掘结果进行解释和可视化展示。这包括将挖掘结果转化为易于理解的图表或报告等形式，并配以详细的解释和说明。通过可视化展示和解释，可以帮助用户更好地理解和应用数据挖掘结果。

（五）数据挖掘在绩效评价中的实际应用案例分享

为了更好地理解数据挖掘在绩效评价中的应用，可以分享一些实际的应用案例。例如，某企业通过数据挖掘技术发现了员工绩效与培训投入之间的关联关系，从而制订了更加科学合理的培训计划和激励政策。这些案例可以为其他企业提供有益的参考和借鉴。

三、绩效预测与趋势分析方法的应用

（一）绩效预测的意义与目的

绩效预测是根据历史数据和当前情况来预测未来绩效的一种方法。通过绩效预测，企业可以更加准确地了解未来的绩效情况，为制订计划和决策提供依据。同时，绩效预测还可以帮助企业发现潜在的问题和风险，及时采取措施进行防范和应对。

（二）常用的绩效预测方法与模型介绍

在绩效预测过程中，常用的方法和模型包括时间序列分析、回归分析、神经网络等。这些方法可以根据历史数据和当前情况来预测未来的绩效趋势和变化。同时，还需要根据具体的预测任务和目标来选择合适的方法和模型进行分析和预测。

（三）趋势分析的意义与步骤

趋势分析是通过分析历史数据和当前情况来识别未来绩效趋势的一种方法。在趋势分析过程中，需要明确分析的目标和范围、选择合适的分析方法和工具、构建数据处理和分析的流程等。通过科学合理的趋势分析流程，可以更加准确地识别未来的绩效趋势和变化。

（四）绩效预测与趋势分析结果的解读与应用

在完成绩效预测和趋势分析后，需要对结果进行解读和应用。这包括将预测结果和趋势分析结果与实际情况进行对比和分析，找出存在差异的原因和影响因素。同时，对于绩效预测与趋势分析的结果，企业应采取积极的态度进行深入解读和应用。

首先，要将预测结果和实际绩效数据进行对比分析，识别出预测与实际的偏差，并探究偏差产生的原因。这可能是由于市场环境的变化、企业内部管理的调整或是预测模型本身的局限性所导致的。通过偏差分析，企业可以及时调整战略和计划，以应对外部环境的挑战。

其次，趋势分析结果揭示了绩效指标随时间的变化规律，这对于企业制订长期发展规划具有重要意义。企业应根据趋势分析结果，预测未来绩效的可能走向，并据此制订相应的策略和措施。

例如，如果预测结果显示某项业务板块的绩效将持续下滑，企业可能需要重新审视该板块的市场定位和业务模式，以寻找新的增长点。

再次，绩效预测与趋势分析的结果还可以为企业的人力资源管理提供有力支持。通过预测员工的绩效发展趋势，企业可以及时发现潜在的人才缺口和绩效瓶颈，从而制订针对性的培训计划和激励措施。这有助于提升员工的整体绩效水平，推动企业的持续发展。

在解读和应用绩效预测与趋势分析结果时，企业还应注重与业务部门的沟通与协作。绩效预测和趋势分析虽然是由财务部门或数据分析部门主导的，但最终的应用和落地需要业务部门的积极参与和支持。因此，企业应建立跨部门的协作机制，确保绩效预测和趋势分析的结果能够得到有效应用。

最后，需要强调的是，绩效预测与趋势分析并非一次性的任务，而是一个持续的过程。企业应定期对绩效数据进行更新和分析，以反映最新的市场环境和企业内部状况。同时，随着大数据技术和人工智能算法的不断发展，企业还应积极探索新的预测和趋势分析方法，以提高预测的准确性和可靠性。

四、多维度绩效评价结果的对比与解读

在智能化管理会计的背景下，绩效评价不再局限于单一的财务指标，而是涵盖了财务、客户、内部流程、学习与成长等多个维度。这些维度相互关联、相互影响，共同构成了企业的绩效评价体系。因此，在解读绩效评价结果时，企业需要从多个维度进行

对比和分析。

首先，财务维度是绩效评价的基础。企业应关注财务指标的变化趋势和异常情况，以评估企业的盈利能力和财务状况。同时，还需要将财务指标与其他维度指标进行对比分析，以揭示财务指标背后的业务驱动因素。

其次，客户维度反映了企业在市场上的表现和竞争力。企业应关注客户满意度、客户忠诚度、市场占有率等指标的变化情况，以评估企业的市场地位和客户关系管理能力。通过与客户维度指标的对比分析，企业可以发现市场机会和潜在风险，从而制订针对性的市场策略。

内部流程维度关注企业内部运营的效率和质量。企业应关注生产流程、供应链管理、产品研发等关键流程的性能指标，以评估企业的内部运营效率。通过与内部流程维度指标的对比分析，企业可以发现流程中的瓶颈和问题，进而制订优化措施。

学习与成长维度关注企业的创新能力和员工素质。企业应关注员工培训投入、员工满意度、创新能力等指标的变化情况，以评估企业的学习和发展能力。通过与学习与成长维度指标的对比分析，企业可以发现人才缺口和培训需求，从而制订针对性的培训和发展计划。

在对比和解读多维度绩效评价结果时，企业需要注重各维度之间的关联性和平衡性。各维度指标之间可能存在相互影响和制约的关系，因而企业需要综合考虑各维度指标的变化情况，以制订全面、协调的发展战略。同时，企业还应关注各维度指标之间的权重和优先级，以确保绩效评价结果的合理性和公正性。

综上所述，智能化管理会计在绩效评价中的应用为企业提供了全新的视角和手段。通过构建科学合理的绩效评价指标体系、采用数据驱动的绩效评价方法以及进行多维度绩效评价结果的对比与解读，企业可以更加全面、准确地了解自身的绩效状况和发展趋势。这有助于企业制订更加科学合理的战略和计划、优化内部管理和运营流程、提升员工绩效和创新能力，从而推动企业的持续发展和竞争力的提升。

第三节　绩效评价结果的智能反馈与改进

一、绩效评价结果的自动化报告与可视化展示

（一）自动化报告生成

绩效评价完成后，系统应能自动汇总各项评价指标数据，生成详尽的绩效评价报告。报告内容应包括员工个人绩效得分、部门整体绩效概况、关键绩效指标（KPI）达成情况、优势与不足分析等。通过预设的模板和算法，确保报告格式统一、数据准确，减少人工干预，提高工作效率。

（二）可视化数据展示

可利用图表、仪表盘、热力图等可视化工具，直观展示绩效评价结果。如使用柱状图对比不同员工的绩效得分，饼图展示各部门绩效占比，折线图反映绩效变化趋势等。可视化展示有助于管理者快速把握绩效全貌，识别问题所在，为决策提供依据。

（三）动态交互功能

在可视化界面中嵌入动态交互元素，如筛选器、下钻功能等，允许用户根据需要调整视图，有助于深入探究特定数据点。例如，管理者可通过筛选器快速定位到某部门或某员工的绩效数据，下钻至具体指标，以获取更细致的信息。

（四）移动端适配

考虑到现代工作节奏快，信息获取需随时随地，绩效评价报告系统应支持移动端访问，通过响应式设计或专门的移动应用，确保员工和管理者能在手机、平板等设备上便捷查看绩效报告，促进信息的即时传递与共享。

二、针对绩效评价结果的智能诊断与建议

（一）智能诊断模型

建议构建基于机器学习算法的智能诊断模型，对绩效评价数据进行深度分析，识别影响绩效的关键因素。模型应考虑员工能力、工作态度、团队协作、外部环境等多方面因素，为每位员工提供个性化的绩效诊断报告。

（二）问题定位与根源分析

智能诊断模型应能准确定位绩效问题所在，如低效率的工作流程、技能不足、沟通障碍等，并深入分析问题根源，为制订改进措施提供依据。

（三）改进建议生成

根据诊断结果，系统应能自动生成针对性的改进建议。建议应

具体、可行，涵盖技能培训、流程优化、团队协作等多个方面，帮助员工和管理者明确改进方向。

（四）案例库支持

建议建立绩效评价改进案例库，收录成功改进案例及其详细实施步骤。当系统生成改进建议时，可自动匹配相似案例，为用户提供参考和借鉴。

三、绩效改进计划的制订与执行跟踪

（一）计划制订流程

明确绩效改进计划的制订流程，包括目标设定、任务分解、责任分配、时间规划等步骤；确保计划内容具体、可操作，与绩效评价结果紧密关联。

（二）跨部门协作机制

建立跨部门协作机制，促进不同部门之间的沟通与合作；在绩效改进计划中明确各部门的职责与协作方式，确保改进措施能够顺利实施。

（三）执行跟踪与监控

利用项目管理工具或绩效管理系统，对绩效改进计划的执行情况进行跟踪与监控；定期收集进度信息，对比计划与实际执行情况的差异，及时调整计划。

（四）问题反馈与解决

建立问题反馈机制，鼓励员工在执行过程中提出遇到的问题和困难；管理者应及时响应，协调资源解决问题，确保改进计划能够顺利推进。

（五）成果总结与分享

绩效改进计划完成后，应组织成果总结会议，对改进成果进行梳理和展示；同时，通过内部平台或会议分享改进经验，促进知识传递与共享。

四、绩效评价结果与员工激励机制的关联

（一）绩效与薪酬挂钩

将绩效评价结果与员工薪酬紧密挂钩，根据绩效得分调整员工薪资水平；设立绩效奖金、年终奖等激励措施，对高绩效员工给予物质奖励。

（二）晋升机会与绩效挂钩

在晋升决策中充分考虑员工的绩效评价结果。对于绩效优异的员工，提供晋升机会和更广阔的发展空间；对于绩效不佳的员工，通过培训、辅导等方式帮助其提升。

（三）个性化激励方案

根据员工的绩效特点和个人需求，制订个性化的激励方案，如为创新型员工提供研发资金、为销售型员工设立提成制度等，激发员工的积极性和创造力。

（四）绩效反馈与沟通

定期与员工进行绩效反馈沟通，告知其绩效评价结果及改进方向，通过沟通了解员工的想法和需求，为制订更合理的激励机制提供依据。

第四节　绩效评价与激励机制的融合

一、基于绩效评价结果的薪酬调整策略

（一）薪酬体系设计

根据企业战略目标和市场竞争情况，设计合理的薪酬体系，确保薪酬体系能够体现员工的绩效差异，激励员工积极工作。

（二）绩效薪酬比例设定

在薪酬体系中明确绩效薪酬的比例，确保绩效优秀的员工能够获得更高的薪酬回报；通过绩效薪酬的设定，引导员工关注绩效提升，形成积极的工作氛围。

（三）薪酬调整规则

制订清晰的薪酬调整规则，明确薪酬调整的条件、幅度和周期；确保薪酬调整与绩效评价结果紧密挂钩，体现公平性和激励性。

（四）特殊贡献奖励

对于在特定项目或任务中作出突出贡献的员工，设立特殊贡献奖励；通过奖励机制鼓励员工勇于担当、积极创新，为企业创造更多价值。

（五）薪酬沟通与反馈

加强与员工的薪酬沟通，解释薪酬调整的依据和规则；通过沟

通了解员工对薪酬的期望和意见，为制订更合理的薪酬策略提供依据。

二、非物质激励与绩效评价结果的结合

（一）职业发展机会

为绩效优秀的员工提供职业发展机会，如晋升机会、培训资源等；通过职业发展激励，引导员工关注长期成长，提升企业整体竞争力。

（二）荣誉与表彰

对绩效突出的员工进行荣誉表彰，如颁发证书、奖杯等；通过荣誉激励，增强员工的归属感和自豪感，激发其持续努力的动力。

（三）工作环境优化

根据绩效评价结果，优化员工的工作环境，如提供舒适的办公空间、先进的办公设备等；通过环境激励，提升员工的工作满意度和幸福感。

（四）团队建设活动

组织团队建设活动，增进员工之间的沟通与合作；通过团队激励，提升员工的团队协作能力和凝聚力，为企业创造更好的团队绩效。

三、员工职业发展规划与绩效评价的关联

（一）职业发展规划制定

鼓励员工根据自身兴趣和能力制订职业发展规划，明确职业发

展目标和路径；通过规划引导员工关注个人成长，提升职业素养和综合能力。

（二）绩效评价与规划对接

将绩效评价结果与员工职业发展规划相对接，确保评价内容与规划目标相一致；通过评价反馈，指导员工调整规划方向，实现个人与企业的共同发展。

（三）职业发展支持措施

为员工提供职业发展支持措施，如培训资源、导师辅导、轮岗机会等；通过支持措施帮助员工提升能力、拓宽视野，为职业发展奠定坚实基础。

（四）职业发展跟踪与评估

定期对员工的职业发展情况进行跟踪与评估，了解员工在职业发展过程中的进展和困难；通过评估结果，为员工提供针对性的指导和帮助。

（五）职业发展激励与认可

对在职业发展过程中取得显著成就的员工给予激励和认可，如晋升机会、薪酬调整等；通过激励和认可，激发员工的职业发展动力，促进企业与员工的共同成长。

四、激励机制对绩效评价的正面影响分析

（一）提升员工积极性

激励机制能够激发员工的积极性和创造力，使其更加投入地工作。通过激励，员工会更加关注绩效评价结果，努力提升自己的

绩效水平。

（二）增强员工归属感

合理的激励机制能够增强员工的归属感和忠诚度，使员工感受到企业的认可和关怀。这有助于提升员工的满意度和稳定性，降低离职率。

（三）促进绩效目标的达成

激励机制与绩效评价紧密结合，能够促使员工更加明确自己的工作目标和绩效要求。在激励机制的驱动下，员工会更加努力地工作，以实现或超越设定的绩效目标，从而推动企业整体绩效的提升。

（四）营造积极的工作氛围

通过激励机制对高绩效员工的奖励和认可，可以营造一种积极向上、追求卓越的工作氛围。这种氛围能够激励其他员工也努力提升自己的绩效，形成良性竞争和相互学习的环境。

第六章 数据驱动下的风险管理与内部控制

第一节 数据驱动的风险识别与评估

一、基于大数据的风险因素挖掘

（一）多维度数据收集与整合

在数据驱动的风险管理中，首要步骤是全面、准确地收集企业内外部相关数据。这包括市场趋势、竞争对手动态、客户行为、供应链状况、财务报表、运营数据等多维度信息。通过大数据技术，如爬虫技术、API接口调用等，实现数据的自动化、实时化收集，并整合到统一的数据平台中。这一步骤为后续的风险因素挖掘提供了坚实的基础。

（二）风险因素智能识别

在收集到的大量数据中，隐藏着可能导致企业风险的各种因素。利用机器学习、自然语言处理等大数据技术，可以对这些数据进行深度挖掘，智能识别出潜在的风险因素。例如，通过文本分析技术，可以从新闻报道、社交媒体等渠道中捕捉到关于企业声誉、政策变动等风险信息；通过关联分析，可以发现不同数据之间的异常关联，从而揭示出潜在的风险点。

（三）风险因素动态跟踪

风险因素并非静态不变，而是随着市场环境、企业运营状况等因素的变化而不断变化。因此，需要利用大数据技术实现对风险因素的动态跟踪。可以通过设立风险指标、建立风险预警模型等方式，实时监测风险因素的变化情况，为企业的风险管理决策提供及时、准确的信息支持。

（四）风险因素关联分析

在识别出各个风险因素后，还需要进一步分析这些因素之间的关联关系。利用大数据的关联分析技术，可以揭示出不同风险因素之间的相互影响和传导机制，从而帮助企业更全面地了解风险状况，制订更有效的风险管理策略。

二、风险量化评估模型与数据分析

（一）风险量化评估模型构建

在识别出风险因素后，需要对其进行量化评估，以确定风险的大小和严重程度。这通常涉及建立风险量化评估模型，如风险矩阵、概率影响图等。这些模型可以根据风险因素的特性，综合考虑其发生概率、影响程度等因素，得出风险的量化评分或等级。

（二）数据分析技术在风险评估中的应用

在风险评估过程中，数据分析技术发挥着重要作用。例如，利用统计分析技术，可以对历史数据进行挖掘，找出风险因素的分布规律；利用模拟仿真技术，可以模拟风险事件的发生过程，评估其对企业的潜在影响；利用敏感性分析技术，可以分析风险因素变化对企业整体风险水平的影响程度。

（三）风险评估结果的验证与调整

风险评估结果需要经过验证和调整，以确保其准确性和可靠性。这可以通过与实际情况进行对比、邀请专家进行评审等方式实现。如果评估结果与实际情况存在较大偏差，需要对评估模型或参数进行调整，以提高评估的准确性。

（四）风险评估报告编制

在完成风险评估后，需要编制风险评估报告，将评估结果以清晰、直观的方式呈现给企业管理层。报告应包含风险因素的详细信息、评估方法、评估结果以及建议措施等内容，以便管理层全面了解企业风险状况，并作出相应的决策。

（五）风险评估的持续改进

风险评估是一个持续的过程，需要随着企业内外部环境的变化而不断调整和完善。因此，企业需要建立风险评估的持续改进机制，定期对评估模型、参数和方法进行审查和更新，以确保风险评估的准确性和有效性。

三、实时风险监测与预警系统

（一）实时风险监测机制建立

为了及时发现和应对潜在风险，企业需要建立实时风险监测机制。这包括设置风险监测指标、建立监测流程、明确监测责任等。通过实时监测，可以及时发现风险因素的变化情况，为风险管理提供及时、准确的信息支持。

（二）预警系统设计与实施

在实时风险监测的基础上，企业需要设计并实施预警系统。预警系统应根据风险因素的特性和企业的实际情况，设定合理的预警阈值和预警方式。当风险因素达到或超过预警阈值时，预警系统应能够自动触发预警信号，及时通知相关人员进行处理。

（三）预警响应流程优化

预警响应流程是确保预警系统有效运行的关键环节。企业需要优化预警响应流程，明确预警信息的传递路径、处理方式和责任人等。同时，还需要建立应急响应机制，以便在风险事件发生时能够迅速、有效地应对。

（四）预警系统与业务系统的集成

为了提高预警系统的效率和准确性，企业需要将其与业务系统进行集成。通过集成，可以实现风险数据的自动采集、处理和分析，提高预警系统的自动化水平。同时，还可以将预警信息嵌入业务流程中，确保相关人员在处理业务时能够及时关注潜在风险。

四、风险数据可视化与报告

（一）风险数据可视化设计

为了更直观地展示企业风险状况，企业需要设计风险数据可视化方案。这包括选择合适的可视化工具、设计可视化图表和界面等。通过可视化设计，可以将复杂的风险数据以简洁、明了的方式呈现出来，便于企业管理层快速了解风险状况。

（二）风险报告编制与发布

在可视化设计的基础上，企业需要编制风险报告，并定期发布给相关人员。报告应包含企业整体风险状况、主要风险因素、风险评估结果以及建议措施等内容。同时，还需要根据不同人员的需求和关注点，定制不同版本的风险报告，以满足不同层面的风险管理需求。

（三）风险数据交互分析功能实现

为了提高风险报告的实用性和互动性，企业需要实现风险数据的交互分析功能。这包括支持用户自定义查询、数据筛选、图表生成等操作，以便用户能够根据自己的需求和兴趣对数据进行深入分析。通过交互分析功能，用户可以更深入地了解风险状况，发现潜在的风险点和机会点。

（四）风险数据共享与协同管理

为了实现风险数据的共享和协同管理，企业需要建立相应的数据共享机制和协同管理平台。通过共享机制，可以确保不同部门之间能够及时、准确地共享风险数据和信息；通过协同管理平台，可以实现风险数据的集中存储、管理和分析，提高风险管理的效率和准确性。同时，还需要加强数据安全和隐私保护措施，确保风险数据的安全性和合规性。

第二节　智能化内部控制体系的建立

一、内部控制流程的数据化重构

（一）流程梳理与标准化

在智能化内部控制体系建立之初，首先需要对现有的内部控制流程进行全面的梳理。这包括识别所有关键业务流程，明确每个流程的目标、输入、输出以及涉及的关键岗位和职责。通过流程梳理，可以清晰地了解企业内部控制的现状，为后续的数据化重构奠定基础。在梳理的基础上，应进一步对流程进行标准化，确保每个流程都有明确的操作规范和标准，减少人为操作的随意性和错误率。

（二）数据化建模

完成流程梳理与标准化后，接下来是对内部控制流程进行数据化建模。这包括将流程中的关键要素，如业务流程、控制点、风险点等，转化为数据模型中的元素，并建立相应的数据关系和逻辑。通过数据化建模，可以将内部控制流程以数字化的形式呈现出来，为后续的数据分析和智能化控制提供基础。

（三）信息系统集成

为了实现内部控制流程的自动化和智能化，需要将数据化建模后的内部控制流程与企业的信息系统进行集成。这包括将内部控制流程嵌入企业的 ERP、CRM、SCM 等信息系统中，实现业务流程的自动化处理和控制点的自动监控。通过信息系统集成，可以大大提高内部控制的效率和准确性，减少人为干预和错误。

（四）数据采集与监控

在内部控制流程运行过程中，需要实时采集流程中的数据，并进行监控和分析。这包括利用传感器、RFID等技术采集业务流程中的物理数据，利用数据库、数据仓库等技术存储和管理流程中的电子数据，以及利用数据挖掘、机器学习等技术对数据进行分析和挖掘。通过数据采集与监控，可以及时发现流程中的异常情况和潜在风险，为内部控制提供及时、准确的信息支持。

（五）流程优化与持续改进

数据化重构后的内部控制流程并非一成不变，而是需要随着企业内外部环境的变化而不断优化和改进。因此，企业需要建立流程优化与持续改进机制，定期对内部控制流程进行审查和评估，发现存在的问题和不足，并提出改进建议。同时，还需要关注新技术和新方法的发展和应用，及时将其引入内部控制流程中，以提高其效率和准确性。

二、关键控制点的自动识别与监控

（一）关键控制点识别

在内部控制体系中，关键控制点是指对业务流程和目标实现具有重要影响的控制环节。为了实现对关键控制点的自动识别与监控，首先需要明确关键控制点的识别标准和方法。这包括根据业务流程的特性、风险点的分布以及内部控制的目标等因素，确定关键控制点的范围和数量，并制订相应的识别规则。

（二）　自动识别技术应用

在明确关键控制点识别标准和方法的基础上，可以利用自动识别技术来实现对关键控制点的自动识别。这包括利用 RFID、传感器等技术对业务流程中的物理对象进行识别，利用数据挖掘、机器学习等技术对业务流程中的电子数据进行分析和挖掘，以发现潜在的关键控制点。通过自动识别技术，可以大大提高关键控制点识别的效率和准确性。

（三）　监控机制建立

在识别出关键控制点后，需要建立相应的监控机制来确保其得到有效执行。这包括设置监控指标、建立监控流程、明确监控责任等。同时，还需要利用信息技术手段来实现对关键控制点的实时监控和预警。当关键控制点出现异常或未得到有效执行时，监控机制应能够自动触发预警信号，及时通知相关人员进行处理。

（四）　监控数据分析与利用

对关键控制点的监控数据进行分析和利用，是优化和改进内部控制体系的重要手段。企业可以利用数据分析技术，对监控数据进行挖掘和分析，发现潜在的风险点和机会点，为内部控制决策提供支持。同时，还可以将监控数据与其他业务数据进行关联分析，以发现业务流程中的潜在问题和改进点。

（五）　持续改进与优化

关键控制点的自动识别与监控是一个持续的过程，需要随着企业内外部环境的变化而不断优化和改进。因此，企业需要建立持续改进与优化机制，定期对关键控制点的识别标准、监控机制以及数据分析方法等进行审查和更新。同时，还需要关注新技术和新方法的发展和应用，及时将其引入关键控制点的自动识别与监控中，以提高其效率和准确性。

三、数据驱动的内部控制效果评估

（一）评估指标体系构建

为了全面、客观地评估内部控制的效果，需要构建一套科学的评估指标体系。这包括根据内部控制的目标和原则，确定评估指标的范围和数量，并制订相应的评估标准和权重。评估指标体系应涵盖内部控制的各个方面，如风险识别与评估、控制活动执行、信息与沟通以及监督与检查等。

（二）数据采集与处理

在评估过程中，需要采集大量的数据来支持评估指标的计算和分析。这包括利用信息系统采集业务流程中的数据，利用问卷调查、访谈等方式采集员工对内部控制的感知和评价数据等。采集到的数据需要进行清洗、整理和处理，以确保其准确性和可用性。

（三）评估模型建立与应用

为了实现对内部控制效果的量化评估，需要建立相应的评估模型。这包括根据评估指标体系和数据特性，选择合适的评估方法和算法，如层次分析法、模糊综合评价法等。通过评估模型，可以对内部控制效果进行量化评分或排名，为内部控制决策提供依据。同时，还需要将评估模型应用到实际评估过程中，不断验证和完善其准确性和有效性。

（四）评估结果分析与报告

在完成评估后，需要对评估结果进行分析和报告。这包括根据评估指标体系和评估模型，对评估结果进行解读和剖析，发现内部控制中存在的问题和不足，并提出改进建议。同时，还需要编制评估报告，将评估结果以清晰、直观的方式呈现给企业管理层和相关人员，以便他们全面了解内部控制的效果和状况。

（五）持续改进与优化

内部控制效果评估是一个持续的过程，需要随着企业内外部环境的变化而不断优化和改进。因此，企业需要建立持续改进与优化机制，定期对评估指标体系、评估模型以及评估方法等进行审查和更新。同时，还需要关注新技术和新方法的发展和应用，及时将其引入内部控制效果评估中，以提高其准确性和有效性。

四、内部控制缺陷的智能诊断与改进

（一）缺陷识别与分类

在内部控制过程中，可能会存在一些缺陷和不足。为了实现对这些缺陷的智能诊断与改进，首先需要明确缺陷的识别标准和分类方法。这包括根据内部控制的原则和目标，确定缺陷的范围和类型，如设计缺陷、执行缺陷等，并制订相应的识别规则。

（二）智能诊断技术应用

在明确缺陷识别标准和分类方法的基础上，可以利用智能诊断技术来实现对内部控制缺陷的自动识别和分析。这包括利用数据挖掘、机器学习等技术对内部控制数据进行分析和挖掘，发现潜在的缺陷和风险点；利用专家系统、知识库等技术对缺陷进行智能诊断和分类；利用可视化技术将诊断结果以直观、易懂的方式呈现出来。

（三）改进方案制定与实施

在识别出内部控制缺陷后，需要制订相应的改进方案并实施。这包括根据缺陷的类型和严重程度，确定改进的目标和措施；制订详细的改进计划和时间表；明确改进的责任人和执行部门等。同时，还需要利用信息技术手段来支持改进方案的实施和跟踪，如建立改进项目管理系统、利用协同办公平台等。

（四）改进效果评估与反馈

在实施改进方案后，需要对改进效果进行评估和反馈。这包括根据改进目标和计划，对改进后的内部控制进行再次评估和分析；对比改进前后的效果差异；收集员工对改进方案的意见和建议等。通过评估和反馈，可以及时发现改进过程中存在的问题和不足，并提出进一步的改进建议。

（五）持续改进与优化机制建立

内部控制缺陷的智能诊断与改进是一个持续的过程，需要随着企业内外部环境的变化而不断优化和改进。因此，企业需要建立持续改进与优化机制，定期对缺陷识别标准、智能诊断技术以及改进方案等进行审查和更新。同时，还需要关注新技术和新方法的发展和应用，及时将其引入内部控制缺陷的智能诊断与改进中，以提高其效率和准确性。

五、内部控制与其他管理系统的协同

(一) 协同需求分析

在建立智能化内部控制体系的过程中，需要明确内部控制与其他管理系统之间的协同需求。这包括分析内部控制与其他管理系统之间的关联关系和相互影响、确定协同的目标和原则、制订协同的策略和方案等。通过协同需求分析，可以确保内部控制与其他管理系统之间的顺畅协作和相互配合。

(二) 信息系统集成与数据共享

为了实现内部控制与其他管理系统的协同，需要将它们的信息系统进行集成和数据共享。这包括建立统一的数据标准和接口规范、实现不同系统之间的数据交换和共享、建立协同办公平台和信息门户等。通过信息系统集成和数据共享，可以打破信息孤岛和壁垒，提高内部控制与其他管理系统之间的协同效率和准确性。

(三) 业务流程协同与优化

在内部控制与其他管理系统协同的过程中，需要对业务流程进行协同与优化。这包括根据协同需求和目标，对业务流程进行重新设计和优化；明确业务流程中的关键节点和责任人；建立业务流程的协同机制和流程规范等。通过业务流程协同与优化，可以确保内部控制与其他管理系统在业务流程上的顺畅衔接和高效协作。

(四) 协同效果评估与改进

在实现内部控制与其他管理系统的协同后，需要对协同效果进行评估和改进。这包括根据协同目标和原则，对协同效果进行量化评估和分析；对比协同前后的效果差异；收集员工对协同方案的意见和建议等。通过评估和改进，可以及时发现协同过程中存在的问题和不足，并提出进一步的改进建议，以不断优化和完善内部控制与其他管理系统的协同机制。

（五）持续协同与创新发展

内部控制与其他管理系统的协同是一个持续的过程，需要随着企业内外部环境的变化而不断优化和创新。因此，企业需要建立持续协同与创新发展机制，定期对协同策略、方案以及效果等进行审查和更新。同时，还需要关注新技术和新方法的发展和应用，及时将其引入内部控制与其他管理系统的协同中，以提高其协同效率和创新能力。通过持续协同与创新发展，可以不断推动企业内部控制体系的完善和优化，提高企业的整体管理水平和竞争力。

第七章　企业智能化管理会计平台的实施与优化

第一节　平台实施前的准备与规划

一、企业需求分析与平台定位

（一）明确管理会计目标

在智能化管理会计平台实施前，企业首先需要明确管理会计的核心目标。这包括提高财务决策效率、优化成本控制、提高风险管理能力等。通过明确目标，企业可以更有针对性地选择平台功能和模块，确保平台能够满足实际需求。

（二）分析现有管理系统与流程

企业应对现有的财务管理系统、业务流程和数据进行全面分析。这包括识别现有系统的优势和不足、了解业务流程的瓶颈和改进点，以及评估数据的质量和可用性。通过这一步骤，企业可以确定智能化管理会计平台需要解决的关键问题和优化方向。

（三）确定平台功能需求

基于管理会计目标和现有系统分析，企业应确定智能化管理会计平台的具体功能需求。这可能包括预算管理、成本控制、财务分析、风险管理等多个方面。同时，还需考虑平台的可扩展性和灵活性，以便在未来根据业务需求进行功能扩展和升级。

（四）平台定位与战略规划

在明确功能需求后，企业应对智能化管理会计平台进行定位，并制订相应的战略规划。这包括确定平台在企业整体信息化架构中的位置，规划平台与其他系统的集成方式，以及设定平台的长期发展目标。通过战略规划，企业可以确保智能化管理会计平台与企业的整体业务战略保持一致。

（五）评估投资回报与风险

企业需要对智能化管理会计平台的投资回报和风险进行评估。这包括估算平台的实施成本、运营成本和预期收益，以及分析可能面临的技术风险、业务风险和安全风险。通过评估，企业可以作出更明智的决策，确保平台的实施能够为企业带来实际的价值。

二、技术选型与基础设施准备

（一）技术选型原则

在智能化管理会计平台的技术选型过程中，企业应遵循一定的原则。这包括技术的先进性、稳定性、可扩展性、安全性以及与企业现有系统的兼容性。通过综合考虑这些因素，企业可以选择最适合自身需求的技术方案。

（二）基础设施评估与准备

企业需要对现有的 IT 基础设施进行评估，确定是否满足智能化管理会计平台的实施要求。这包括服务器、存储设备、网络设备等硬件设施的性能和容量，以及操作系统、数据库等软件的版本和兼容性。如果现有基础设施不足，企业需要进行相应的升级和扩展。

（三）云计算与大数据技术应用

智能化管理会计平台通常涉及大量的数据处理和分析，因而云计算和大数据技术成为重要的技术选项。企业应考虑采用云计算平台来提供弹性的计算和存储资源，以及利用大数据技术来处理和分析海量财务数据。这有助于提高平台的性能和效率，降低运营成本。

（四）数据安全与隐私保护

在技术选型过程中，数据安全与隐私保护是不可忽视的重要方面。企业应选择具有强大安全功能的技术方案，如加密技术、访问控制、数据备份与恢复等。同时，还需要制订严格的数据安全策略和管理规范，确保平台的数据安全和隐私保护。

（五）技术合作伙伴选择

为了确保智能化管理会计平台的顺利实施和运营，企业可能需要与专业的技术合作伙伴共同合作。在选择合作伙伴时，企业应考虑其技术实力、行业经验、服务质量和信誉度等因素。通过与合作伙伴的紧密合作，企业可以获得更全面的技术支持和服务保障。

三、项目团队组建与培训计划

(一) 项目团队组建

智能化管理会计平台的实施需要一个跨部门的项目团队来共同推进。团队应包括来自财务、IT、业务等多个部门的成员,以确保平台能够满足各方面的需求。同时,还需要明确团队成员的职责和分工,确保项目能够高效有序地进行。

(二) 项目经理与关键角色

在项目团队中,项目经理扮演着至关重要的角色。项目经理需要具备丰富的项目管理和协调经验,能够制订项目计划、监控项目进度、协调团队成员之间的工作,并确保项目按时按质完成。此外,还需要明确其他关键角色,如技术负责人、业务负责人等,以确保各方面的工作能够顺利推进。

(三) 培训计划制定

为了确保项目团队成员能够胜任智能化管理会计平台的实施工作,企业需要制订详细的培训计划。这包括针对不同角色的培训课程和内容,如财务管理知识、IT 技术技能、项目管理方法等。通过培训,团队成员可以掌握所需的知识和技能,更好地完成项目实施任务。

(四) 培训方式与实施

在培训方式方面,企业可以采用线上与线下相结合的方式。线上培训可以通过网络课程、视频教程等形式进行,方便团队成员随时随地进行学习。线下培训可以通过集中授课、研讨会等形式进行，方便团队成员之间的交流和互动。通过结合线上与线下培训方式，企业可以确保培训效果的最大化。

（五）培训效果评估与反馈

为了确保培训的有效性，企业需要对培训效果进行评估和反馈。这可以通过考试、问卷调查、面谈等方式进行。通过评估和反馈，企业可以了解团队成员的学习情况和掌握程度，及时发现存在的问题和不足，并提出相应的改进措施。同时，还可以将评估结果作为后续培训和项目实施的参考依据。

四、实施时间表与里程碑设定

（一）实施时间表制定

智能化管理会计平台的实施需要一个明确的时间表来指导项目的进展。企业应根据项目的实际情况和需求，制订详细的实施时间表，包括各个阶段的任务、责任人、完成时间等。通过时间表，企业可以监控项目的进度和完成情况，确保项目能够按时交付。

（二）关键里程碑设定

在实施时间表中，企业需要设定一些关键的里程碑来标志项目的重要阶段和成果。这些里程碑可能包括需求分析完成、技术选型确定、系统设计与开发完成、测试与验收通过等。通过设定里程碑，企业可以更好地把握项目的整体进展和关键节点，及时调整项目计划和资源分配。

（三）进度监控与调整

在实施过程中，企业需要对项目的进度进行监控和调整。这可以通过定期的项目会议、进度报告等方式进行。通过监控，企业可以及时发现项目存在的问题和风险，并采取相应的措施进行调整和应对。同时，还需要根据项目的实际进展和需求变化，及时调整时间表和里程碑设定，确保项目能够顺利进行。

（四）资源调配与风险管理

在智能化管理会计平台的实施过程中，企业需要合理调配资源，包括人力、物力、财力等。同时，还需要对项目的风险进行管理，包括识别潜在的风险因素、制订应对措施和预案等。通过合理的资源调配和风险管理，企业可以确保项目的顺利实施和交付。

（五）项目验收与总结

在项目完成后，企业需要对智能化管理会计平台进行验收和总结。验收过程应包括功能测试、性能测试、安全测试等多个方面，确保平台能够满足企业的实际需求和要求。同时，还需要对项目的实施过程进行总结和回顾，分析项目的成功经验和不足之处，为未来的项目实施提供参考和借鉴。

第二节　平台实施过程中的关键问题

一、数据整合与标准化挑战

（一）数据来源多样性与复杂性

在智能化管理会计平台的实施过程中，企业通常面临数据来源多样性和复杂性的挑战。财务数据可能来自不同的业务部门、系统或外部合作伙伴，数据格式和质量也可能存在差异。这增加了数据整合的难度和复杂性。

（二）数据标准化需求

为了确保智能化管理会计平台的数据准确性和可比性，企业需要对数据进行标准化处理。这包括统一数据格式、数据命名规范、数据计量单位等。通过标准化处理，企业可以消除数据之间的差异和冲突，提高数据的可用性和价值。

（三）数据清洗与转换

在数据整合过程中，企业需要对原始数据进行清洗和转换。这包括去除重复数据、填补缺失数据、转换数据格式等。通过清洗和转换，企业可以确保数据的完整性和准确性，为后续的数据分析和决策提供可靠的基础。

（四）数据治理与管理

为了确保数据的长期可用性和安全性，企业需要建立数据治理和管理机制。这包括制订数据质量标准、数据管理规定、数据安全策略等。通过数据治理和管理，企业可以确保数据的合规性、安全性和可追溯性。

（五）数据集成与接口设计

在智能化管理会计平台与其他系统或数据源进行集成时，企业需要设计合理的接口和数据交换机制。这包括确定数据交换的格式、协议和频率等。通过合理的接口设计，企业可以确保数据的顺畅流通和共享，提高平台的整体性能和效率。

二、业务流程与系统的对接问题

（一）业务流程梳理与优化

在智能化管理会计平台实施过程中，企业需要对现有的业务流程进行梳理和优化。这包括识别业务流程中的瓶颈和冗余环节，制订优化措施和方案。通过业务流程优化，企业可以提高财务管理的效率和准确性，降低运营成本。

（二）系统与业务流程的匹配

智能化管理会计平台需要与企业的业务流程进行紧密匹配。这包括根据业务流程的需求和特点，设计相应的系统功能和模块。通过系统与业务流程的匹配，企业可以确保平台能够满足实际业务需求，提高财务管理的效果和价值。

（三）系统集成与数据交换

在智能化管理会计平台与其他系统进行集成时，企业需要确保数据的顺畅交换和共享。这包括设计合理的系统集成方案和数据交换机制，确保数据的准确性和一致性。通过系统集成和数据交换，企业可以实现不同系统之间的协同工作，提高财务管理的整体效率。

（四）业务流程自动化与智能化

智能化管理会计平台应支持业务流程的自动化和智能化。这包括利用自动化技术和智能算法来执行重复性的财务任务，如数据录入、账单处理等。通过业务流程自动化和智能化，企业可以降低人工操作的成本和错误率，提高财务管理的效率和准确性。

（五）业务流程监控与改进

在智能化管理会计平台运行过程中，企业需要对业务流程进行监控和改进。这包括实时监控业务流程的执行情况和性能指标，发现潜在的问题和风险，并提出相应的改进措施。通过业务流程监控和改进，企业可以不断优化财务管理流程，提高财务管理的效果和价值。

三、用户接受度与培训效果

（一）用户接受度评估

在智能化管理会计平台实施前，企业需要对用户的接受度进行评估。这包括了解用户对平台的期望和需求，以及用户对新技术和变革的态度。通过评估，企业可以预测平台实施后可能遇到的用户抵触和障碍，并制订相应的应对策略。

（二）用户培训计划制定

为了确保用户能够熟练使用智能化管理会计平台，企业需要制订详尽的用户培训计划。该计划应涵盖从基础操作到高级功能的全方位培训，确保不同层级的用户都能掌握所需技能。培训内容应包括但不限于平台界面导航、基本功能操作、数据录入与查询、报告生成与解读等。

（三）培训方式与实施

培训方式应灵活多样，以适应不同用户的学习习惯和需求。除了传统的面对面培训外，还可以利用在线课程、视频教程、模拟操作等数字化手段，提供随时随地的学习机会。同时，可以组织实操演练、小组讨论等形式，增强用户之间的互动与交流，提升培训效果。

（四）培训效果评估

培训结束后，企业应对用户的掌握程度进行评估，以确保培训效果。这可以通过考试、实操测试、用户反馈等方式进行。评估结果不仅可以帮助企业了解用户的学习成效，还能为后续的培训优化提供依据。

（五）持续支持与反馈机制

智能化管理会计平台的实施是一个持续的过程，用户在使用过程中可能会遇到各种问题。因此，企业需要建立持续的支持与反馈机制，及时解答用户疑问，收集用户意见，不断优化平台功能和用户体验。这可以通过设立客服热线、在线帮助文档、用户论坛等方式实现。

四、系统稳定性与性能保障

（一）系统架构设计

智能化管理会计平台的系统架构设计应充分考虑稳定性、可扩展性和性能需求。应采用分布式架构、负载均衡等技术，确保系统在高并发、大数据量的情况下仍能稳定运行。

（二）性能测试与优化

在系统上线前，企业需要进行全面的性能测试，包括压力测试、并发测试、响应时间测试等，以确保系统性能满足业务需求。可以根据测试结果，对系统进行必要的优化调整，如增加服务器资源、优化数据库查询等。

（三）监控与预警机制

为了确保系统的稳定运行，企业需要建立监控与预警机制。通过实时监控系统的性能指标、日志信息等，及时发现潜在问题并触发预警，以便迅速采取应对措施。

（四）定期维护与升级

智能化管理会计平台需要定期进行维护与升级，以确保系统的安全性和先进性。这包括更新软件版本、修补安全漏洞、优化系统性能等。企业应制订详细的维护与升级计划，并确保在维护过程中不影响用户的正常使用。

五、安全与隐私保护的考虑

（一）数据加密与存储

智能化管理会计平台应采用先进的数据加密技术，确保数据在传输和存储过程中的安全性。同时，应建立合理的数据存储机制，确保数据的完整性和可用性。

（二）访问控制与权限管理

平台应实施严格的访问控制与权限管理机制，确保只有授权用户才能访问相应的数据和功能。这可以通过设置用户角色、权限等级、密码策略等方式实现。

（三）安全审计与监控

企业应定期对智能化管理会计平台进行安全审计和监控，以发现潜在的安全风险和违规行为。这包括审查系统日志、检测异常访问行为、评估安全策略的有效性等。

（四）隐私保护政策与合规性

智能化管理会计平台应遵守相关的隐私保护法规和行业标准，制订严格的隐私保护政策。同时，企业应与用户明确约定数据的使用范围和目的，确保用户隐私的合法使用和保护。

（五）应急响应与灾难恢复计划

为了应对可能的安全事件和灾难性故障，企业需要制订应急响应和灾难恢复计划。这包括建立应急响应团队、制订应急处理流程、备份关键数据等，以确保在紧急情况下能够迅速恢复系统的正常运行。

综上所述，智能化管理会计平台的实施与优化是一个复杂且系统的过程，需要企业在需求分析、技术选型、项目团队组建、实施时间表设定等多个方面进行周密的规划和准备。同时，实施过程还需要关注数据整合与标准化、业务流程与系统的对接、用户接受度与培训效果、系统稳定性与性能保障以及安全与隐私保护等关键问题，并采取相应的措施加以解决和优化。通过不断努力和改进，企业可以成功实施智能化管理会计平台，提升财务管理的效率和价值。

第三节　平台实施效果的评估与反馈

一、实施效果的评价指标体系

(一) 系统稳定性与可靠性

系统稳定性是评估平台实施效果的首要指标，它直接关系用户体验和业务连续性。具体而言，包括系统无故障运行时间、故障恢复速度、数据备份与恢复能力等。高稳定性意味着平台能够持续提供服务，减少因系统故障导致的业务中断和用户流失。同时，系统可靠性还体现在对外部攻击的防御能力上，如防黑客入侵、防数据泄露等，确保平台数据安全。

(二) 用户活跃度与留存率

用户活跃度是衡量平台吸引力和用户黏性的重要指标，包括日活跃用户量、月活跃用户量、用户访问时长、页面浏览量等。高活跃度表明平台内容或服务对用户具有强吸引力，能够促进用户频繁使用。留存率反映了平台长期保持用户的能力，通过计算新用户在一定时间后继续使用平台的比例来衡量。高留存率意味着平台能够持续满足用户需求，建立稳定的用户基础。

(三) 功能使用率与满意度

功能使用率反映了平台各项功能的受欢迎程度和使用频率，通过统计各功能的使用次数、用户反馈等数据来评估。高使用率的功能说明其符合用户需求，有助于提升用户体验和平台价值。同时，功能满意度调查也是必不可少的，通过用户问卷、在线评价等方式收集用户对各项功能的满意度，以便及时发现并改进存在的问题。

（四）业务转化率与收益增长

业务转化率是衡量平台商业效益的关键指标，如电商平台的商品销售转化率、广告平台的点击率等。高转化率意味着平台能够有效地将用户流量转化为实际收益。同时，收益增长也是评估平台实施效果的重要指标，包括总收入、净利润、用户付费率等。持续的收益增长表明平台商业模式可行，具有长期发展潜力。

（五）品牌影响力与市场份额

品牌影响力反映了平台在市场上的知名度和美誉度，通过品牌知名度调查、用户口碑传播等方式来评估。高品牌影响力有助于提升平台竞争力，吸引更多用户和合作伙伴。市场份额是衡量平台在特定市场中的占有率，通过市场调研、竞争对手分析等方式来获取。高市场份额意味着平台在市场中占据有利地位，具有较强的市场控制力。

二、用户满意度调查与反馈收集

（一）定期满意度问卷调查

为了及时了解用户对平台的满意度和潜在需求，应定期进行满意度问卷调查。问卷内容应涵盖平台功能、用户体验、服务质量等多个方面，采用五级评分制或选择题形式，便于用户快速作答。同时，应确保问卷设计的科学性和合理性，避免引导性提问和偏见性选项，以获取真实有效的用户反馈。

（二）在线评价与反馈系统

建立在线评价与反馈系统，允许用户在使用平台后对其进行评价并留下反馈意见。系统应提供便捷的评价入口和明确的评价标准，鼓励用户积极参与评价。同时，应定期对评价数据进行整理和分析，及时发现并解决用户反映的问题，不断提升平台服务质量。

（三）用户访谈与深度调研

除了问卷调查和在线评价外，还应通过用户访谈和深度调研的方式深入了解用户需求。选取代表性用户进行面对面访谈或电话访问，了解他们对平台的整体感受、使用习惯、改进建议等。同时，可以针对特定问题或需求进行深度调研，如用户需求分析、竞品对比研究等，为平台优化和升级提供有力支持。

（四）社交媒体与社区监控

社交媒体和社区是用户表达意见和分享体验的重要渠道。通过监控社交媒体平台（如微博、微信、抖音等）和社区论坛（如知乎、豆瓣等），可以及时发现用户对平台的评价和反馈。应建立专门的监控团队或利用自动化工具进行实时监控，及时响应用户诉求，提升用户满意度。

（五）反馈处理与闭环管理

收集到的用户反馈应及时进行处理和回应。建立反馈处理机制，明确反馈处理流程和时间节点，确保用户问题得到及时解决。同时，应建立反馈闭环管理制度，对处理结果进行跟踪和验证，确保问题得到彻底解决并防止类似问题再次发生。通过不断优化反馈处理流程和提高处理效率，提升用户满意度和忠诚度。

三、业务效率提升与成本节约分析

（一）业务流程优化与自动化

通过对平台业务流程进行深入分析和优化，可以消除冗余环节、提高工作效率。例如，采用自动化工具替代人工操作、优化数据处理流程等。同时，应关注业务流程中的瓶颈和痛点，通过技术创新和流程再造等方式进行改进。通过业务流程优化和自动化，可以降低人力成本、提高业务处理速度和质量。

（二）资源利用效率提升

资源利用效率是衡量平台运营成本效益的重要指标。应通过合理规划资源使用、提高资源利用率等方式降低成本。例如，优化服务器配置、采用云计算技术降低硬件成本；合理规划存储空间、提高数据存储效率等。同时，应关注资源浪费和闲置问题，及时进行调整和优化，确保资源得到充分利用。

（三）采购成本控制与供应商管理

采购成本是平台运营中的重要支出之一。应通过加强采购成本控制、优化供应商管理等方式降低成本。例如，建立采购预算制度、严格控制采购成本；加强供应商评估和选择、建立长期合作关系等。同时，应关注采购过程中的风险和问题，如质量问题、交货延迟等，及时采取措施进行解决。

（四）人力成本与效率平衡

人力成本是平台运营中的另一大支出。应通过合理配置人力资源、提高员工工作效率等方式降低成本。例如，优化组织架构、减少冗余岗位；加强员工培训和提高员工技能水平；建立激励机制和绩效考核制度等。同时，应关注员工工作负担和效率平衡问题，确保员工在保持高效工作的同时能够保持良好的工作状态和满意度。

（五）成本节约效果评估与持续改进

定期对成本节约效果进行评估和分析是确保持续改进的关键。应建立成本节约效果评估体系，明确评估指标和方法。例如，通过对比优化前后的成本数据、分析成本节约来源和比例等方式进行评估。同时，应关注成本节约过程中的问题和挑战，及时采取措施进行解决和改进。通过持续改进和优化成本节约措施，不断提升平台运营效益和竞争力。

第四节 平台持续优化与升级策略

一、技术与功能迭代计划

（一）技术架构升级与优化

随着技术的不断发展和业务需求的变化，平台技术架构需要不断进行升级和优化。应关注新技术的发展动态和趋势，如云计算、大数据、人工智能等，并结合平台实际需求进行技术选型和应用。通过技术架构升级和优化，可以提高平台的性能、稳定性和可扩展性。

（二）功能迭代与新增

应根据用户需求和市场竞争情况，制订功能迭代和新增计划。应定期对现有功能进行评估和分析，发现存在的问题和不足，并及时进行改进和优化。同时，应关注市场动态和用户需求变化，及时新增符合用户需求和市场趋势的功能。通过功能迭代和新增，可以不断提升平台的服务质量和用户体验。

（三）性能优化与测试

性能是平台的重要指标之一，直接关系到用户体验和业务效益。应定期对平台进行性能测试和优化，包括响应时间、吞吐量、并发用户数等。通过性能测试和优化，可以发现并解决性能瓶颈和问题，提高平台的性能和稳定性。同时，应建立完善的测试体系，包括单元测试、集成测试、系统测试等，确保新功能上线前经过充分测试并符合预期要求。

（四）安全加固与防护

安全是平台运营中的重要保障。应加强对平台的安全加固和防护工作，包括数据加密、身份验证、访问控制等。同时，应关注安全漏洞和威胁的动态变化，及时采取措施进行防范和应对。应通过建立完善的安全管理体系和应急响应机制，确保平台的安全性和稳定性。

（五）技术文档与知识管理

技术文档和知识管理是平台持续优化和升级的重要保障。应建立完善的技术文档体系，包括架构设计文档、开发规范、测试指南等。同时，应加强知识管理和分享工作，鼓励团队成员之间互相学习和交流经验。通过技术文档和知识管理，可以提高团队的技术水平和协作效率，为平台的持续优化和升级提供有力支持。

二、用户反馈与需求响应机制

（一）用户反馈收集与分析

建立用户反馈收集和分析机制是响应用户需求的关键。应通过多种渠道收集用户反馈，如问卷调查、在线评价、用户访谈等。同时，应定期对收集到的反馈进行分析和整理，提炼出用户需求和改进建议。通过用户反馈收集和分析，可以及时发现并解决用户问题，提升用户满意度和忠诚度。

（二）需求评估与优先级排序

针对收集到的用户需求和改进建议，应进行需求评估和优先级排序。根据需求的紧急程度、重要性和可行性等因素进行综合考虑，确定需求的优先级和实施方案。通过需求评估和优先级排序，可以确保平台优化和升级工作有条不紊地进行，并最大限度地满足用户需求。

（三）响应机制与快速迭代

建立快速响应机制和快速迭代流程是确保用户需求得到及时满足的关键。应明确响应时间和处理流程，确保用户问题能够得到及时解决。同时，应采用敏捷开发等方法论进行快速迭代开发，缩短新功能上线周期并提高开发效率。通过快速响应机制和快速迭代流程，可以不断提升平台的服务质量和用户体验。

（四）用户参与与共创

鼓励用户参与平台优化和升级过程是提升用户满意度和忠诚度

的有效途径。可以通过用户社区、用户论坛等方式与用户进行互动和交流，收集用户意见和建议。同时，可以邀请用户参与新功能的设计和开发过程，共同创造更好的用户体验。通过用户参与和共创，可以增强用户对平台的归属感和认同感，提高用户满意度和忠诚度。

（五）持续改进与闭环管理

持续优化和闭环管理是确保平台不断优化和升级的重要保障。应建立持续改进机制，定期对平台进行评估和分析，发现存在的问题和不足，并及时进行改进和优化。同时，应建立闭环管理制度，对用户需求、问题处理结果进行跟踪和验证，确保问题得到彻底解决并防止问题复发。通过设立定期回顾会议和审计流程，团队可以系统地检查过去一段时间内的改进措施和效果，从中学习并调整策略。此外，建立用户反馈的长期跟踪机制，可以帮助平台持续捕捉用户需求的细微变化，确保平台始终与用户期望保持同步。

三、市场趋势与新技术引入

（一）行业趋势分析

密切关注行业发展趋势，包括竞争对手的动态、新兴技术的应用、市场需求的变迁等，是平台保持竞争力的关键。通过定期的市场研究报告、参加行业会议、与专家交流等方式，获取最新的行业信息，可以为平台的战略规划和技术选型提供依据。

（二）新技术评估与应用

面对快速变化的技术环境，平台应建立新技术评估机制，对新技术进行筛选、测试和验证，确保其能够满足平台的需求并带来实际效益。例如，人工智能、区块链、物联网等新技术，都有可能为平台带来创新性的解决方案或业务模式。通过小范围试点、逐步推广的方式，可以降低新技术应用的风险，同时快速捕捉其带来的市场机遇。

（三）合作伙伴与生态系统建设

与行业领先企业、科研机构、高校等建立合作关系，共同探索新技术的应用和创新，是平台加速技术升级和业务拓展的有效途径。通过构建开放的合作生态，平台可以吸引更多的优质资源，共同推动行业进步。

（四）技术创新与知识产权保护

要鼓励平台内部的技术创新，通过专利申请、软件著作权登记等方式，保护平台的技术成果和知识产权。同时，应建立完善的知识产权管理制度，确保平台在技术创新过程中不侵犯他人的合法权益，维护良好的市场竞争环境。

四、平台扩展性与灵活性提升

（一）模块化设计与微服务架构

采用模块化设计和微服务架构，可以提高平台的扩展性和灵活性。通过将平台拆分为多个独立的、可复用的微服务，可以更容易地进行功能扩展、性能优化和故障隔离。同时，微服务架构还支持按需伸缩，根据业务负载自动调整资源分配，从而提高资源利用效率。

（二）云原生技术栈

利用云原生技术栈，如容器化、Kubernetes、DevOps等，可以进一步提高平台的扩展性和灵活性。容器化技术使得应用更容易在不同环境之间迁移和部署，而Kubernetes则提供了强大的容器编排能力，支持自动扩展、负载均衡等功能。DevOps文化的引入可以加速软件开发和部署流程，提高平台的响应速度和创新能力。

（三）API接口与第三方集成

提供丰富的API接口和第三方集成能力，是提升平台扩展性和灵活性的重要手段。通过开放API接口，平台可以与其他系统进行无缝对接，实现数据共享和功能互补。同时，其支持第三方应用的接入和定制开发，可以满足不同用户的个性化需求，拓宽平台的应用场景。

（四）持续集成与持续部署

建立持续集成（CI）和持续部署（CD）流程，可以确保平台代码的质量和稳定性。通过自动化的构建、测试和部署流程，可以快速发现和修复代码中的问题，减少人为错误和故障发生的可能性。同时，CI/CD流程还支持快速迭代和发布新功能，有助于提高平台的响应速度和创新能力。

（五）监控与日志系统

建立完善的监控和日志系统，是保障平台稳定运行和及时发现问题的重要手段。通过实时监控平台的性能指标、日志信息和异常事件，可以及时发现并处理潜在的问题和风险。同时，日志系统还可以为故障排查、性能优化和用户体验改进提供有力的数据支持。

综上所述，平台实施效果的评估与反馈以及持续优化与升级策略是确保平台长期成功和持续创新的关键。通过建立科学的评价指标体系、完善的用户反馈机制、高效的业务效率提升措施以及灵活的技术迭代计划，平台可以不断适应市场变化和用户需求的变化，保持领先地位，并创造更大的价值。

第八章　智能化管理会计平台的未来趋势与挑战

第一节　智能化管理会计平台的发展趋势

一、人工智能与自动化技术的深度融合

（一）智能决策支持系统的优化

随着人工智能技术的不断进步，智能化管理会计平台将更加注重智能决策支持系统的构建与优化。这一系统不仅能够自动收集、整理和分析财务数据，还能基于历史数据和先进算法，为企业提供精准的经营预测、成本控制、风险管理等决策建议。通过深度学习技术，系统能不断自我优化，更准确地理解企业特定情境下的决策需求，实现个性化、动态化的策略推荐。

（二）自动化流程的全面升级

自动化技术在管理会计中的应用将从单一任务自动化向全流程自动化转变。传统上，自动化主要集中于账务处理、报表生成等

基础性工作，而未来，包括预算编制、成本控制、绩效评估等在内的更多复杂管理会计职能也将实现高度自动化。通过 RPA（Robotic Process Automation，机器人流程自动化）技术，企业能够大幅提升工作效率，减少人为错误，同时释放财务人员从事更高价值的分析性工作。

（三）智能预测与预算管理

借助机器学习模型，智能化管理会计平台能够更准确地预测市场需求、成本变动及现金流情况，为企业的预算管理提供科学依据。通过对历史数据的深度学习，系统能识别出影响预算的关键因素，动态调整预算分配，确保资源的有效利用。此外，智能预算管理系统还能实时监控预算执行情况，及时预警偏差，帮助管理层快速响应市场变化。

（四）智能风险管理

人工智能技术在风险管理领域的应用将日益广泛，特别是在识别潜在风险、评估风险影响及制订应对措施方面。智能化管理会计平台能够整合内外部数据源，利用自然语言处理、图像识别等技术，实时监控市场动态、政策变化及竞争对手行为，及时发现并评估潜在风险，为企业构建一道智能化的风险防线。

（五）人机交互界面的优化

为了提升用户体验，智能化管理会计平台将不断优化人机交互界面，使其更加直观、易用。通过引入自然语言处理、语音识别等技术，用户可以通过语音指令、问答式交互等方式，轻松获取所需信息和分析结果，极大地降低了操作门槛，提高了工作效率。

二、大数据与云计算能力的进一步提升

（一）海量数据的高效处理能力

随着企业规模的扩大和业务范围的拓展，管理会计所需处理的数据量呈爆炸性增长。大数据技术的持续进步，使得智能化管理会计平台能够高效处理这些海量数据，实现快速的数据清洗、整合与分析。通过分布式存储和并行计算技术，平台能够在短时间内完成复杂的数据运算，为决策提供及时、准确的数据支持。

（二）云平台的灵活性与可扩展性

云计算为智能化管理会计平台提供了强大的基础设施支持。云平台不仅能够根据企业需求动态调整资源分配，实现成本效益最大化，还支持多租户架构，便于企业快速部署和扩展应用。此外，云平台的安全性、稳定性和高可用性，确保了管理会计数据的安全存储与随时访问。

（三）实时数据分析与决策支持

借助云计算的高速数据处理能力，智能化管理会计平台能够实现数据的实时采集、处理与分析，为企业提供即时决策支持。这意味着企业能够更快地响应市场变化，抓住商机，同时有效监控运营状况，及时发现并解决问题。

（四）数据驱动的个性化服务

基于大数据和云计算技术，智能化管理会计平台能够根据企业的特定需求和偏好，提供定制化的服务。通过对企业历史数据的深入分析，平台能够识别出企业的独特运营模式和潜在增长点，

为企业量身定制管理会计解决方案，助力企业实现精细化管理。

（五）跨地域协作与信息共享

云计算的普及促进了全球化企业间的信息共享与协作。智能化管理会计平台利用云技术，打破了地理界线，使得不同地区的分支机构能够实时共享财务数据，协同工作。这不仅提高了工作效率，还促进了企业文化的融合与战略的一致性。

三、区块链技术在管理会计中的应用前景

（一）增强数据透明度与可信度

区块链技术的分布式账本特性，使得每一笔交易都被记录在不可篡改的区块中，大大提高了数据的透明度和可信度。在管理会计中，这有助于构建更加公正、透明的财务管理体系，减少信息不对称，增强投资者和利益相关者的信任。

（二）优化成本控制与供应链管理

区块链技术能够实现供应链上下游企业之间的直接交易和信息共享，减少中间环节，降低交易成本。智能化管理会计平台结合区块链技术，可以实时追踪原材料采购、生产、物流等各个环节的成本，帮助企业更精准地控制成本，优化供应链管理。

（三）智能合约在预算管理中的应用

智能合约是区块链上的一种自动执行合约，当满足预定条件时，合约将自动触发执行。在管理会计中，智能合约可用于预算管理，确保资金按照预算计划自动分配，减少人为干预，提高预算执行的准确性和效率。

（四）加强内部审计与合规性

区块链技术的不可篡改性为内部审计提供了强有力的支持。智能化管理会计平台结合区块链技术，可以实现对财务数据的全程追溯，便于审计人员快速定位问题，提高审计效率。同时，区块链技术还有助于企业遵守相关法律法规，提升合规性管理水平。

（五）促进资产数字化与流动性管理

区块链技术为资产的数字化提供了可能，使得企业能够更灵活地管理资产，提高资产流动性。智能化管理会计平台结合区块链技术，可以实现资产的实时监控和动态调整，为企业提供更高效的资产管理方案。

四、跨界融合与业务创新趋势

（一）金融科技与管理会计的融合

随着金融科技的快速发展，智能化管理会计平台将更多地融入金融科技元素，如数字货币、智能投顾、区块链金融等。这些技术的融合，将为企业提供更加多元化、便捷化的金融服务，同时提升管理会计的效率和准确性。

（二）物联网技术与实物资产管理的结合

物联网技术的广泛应用，使得实物资产的实时监控成为可能。智能化管理会计平台结合物联网技术，可以实现对固定资产、存货等实物资产的精准管理，提高资产使用效率，减少浪费。

（三）社交媒体与市场调研的融合

社交媒体已成为企业获取市场信息、了解客户需求的重要渠道。智能化管理会计平台可以整合社交媒体数据，通过大数据分析，为企业提供更加精准的市场调研和消费者行为分析，助力企业制订更加有效的市场策略。

（四）电子商务平台与供应链金融的协同

电子商务平台的发展，为企业提供了更加便捷的销售渠道和融资途径。智能化管理会计平台可以与电子商务平台、供应链金融平台等实现数据互通，为企业提供一体化的销售、融资和财务管理服务，降低运营成本，提高资金使用效率。

（五）跨界合作与生态构建

未来，智能化管理会计平台将更加注重跨界合作与生态构建。通过与不同行业、不同领域的企业合作，共同开发创新性的管理会计解决方案，形成互利共赢的生态系统。这将有助于企业拓展业务范围，提升市场竞争力，同时促进管理会计行业的整体发展。

综上所述，智能化管理会计平台正面临着前所未有的发展机遇与挑战。通过深度融合人工智能与自动化技术、不断提升大数据与云计算能力、积极探索区块链技术的应用前景以及推动跨界融合与业务创新，智能化管理会计平台将为企业提供更加高效、精准、智能的财务管理服务，助力企业在激烈的市场竞争中脱颖而出。

第二节　面临的挑战与应对策略

一、技术更新迭代速度带来的挑战

（一）技术选型与升级的压力

在智能化管理会计平台的构建过程中，技术的快速更新迭代带来了技术选型与升级的巨大压力。企业需要不断跟踪最新的技术动态，评估新技术对现有系统的影响，并决定是否进行技术升级。这一过程不仅耗时费力，还可能因技术选型不当或升级失败而导致系统性能下降、成本增加等问题。因此，企业需要建立一套科学的技术评估与决策机制，确保技术选型与升级的合理性和有效性。

（二）系统兼容性与集成难题

随着技术的不断更新，新旧系统之间的兼容性和集成问题日益凸显。智能化管理会计平台需要与企业现有的 ERP、CRM 等系统进行无缝对接，实现数据的共享与流通。然而，不同系统之间的技术架构、数据格式等可能存在差异，导致集成难度加大。为了解决这一问题，企业需要采用标准化的数据接口和协议，同时加强系统之间的协同与配合，确保数据的准确传递和处理。

（三）技术维护与运营成本上升

技术的快速更新迭代也带来了技术维护与运营成本的上升。企业需要不断投入资金和人力资源，对智能化管理会计平台进行维护、升级和优化，以确保其稳定运行和持续创新。然而，高昂的维护与运营成本可能对企业的财务状况造成压力，甚至影响企业的整体盈利能力。因此，企业需要合理规划技术投资，提高资金使用效率，同时加强技术团队的建设和培训，降低技术维护与运营的成本。

（四）技术风险与不确定性

技术的快速更新迭代还带来了技术风险与不确定性。新技术可能存在不稳定、不成熟等问题，导致系统出现故障或安全漏洞。此外，技术的快速发展也可能使得企业面临被竞争对手超越的风险。为了应对这些挑战，企业需要加强技术风险管理，建立完善的技术监测和预警机制，及时发现并解决潜在的技术问题。同时，企业还需要保持对新技术的持续关注和投入，不断提升自身的技术创新能力。

（五）用户接受度与培训成本

新技术的引入往往伴随着用户接受度的挑战。智能化管理会计平台的操作界面、功能设计等方面可能与传统系统存在较大差异，导致用户需要花费较长时间适应新系统。此外，为了确保用户能够熟练使用新系统，企业还需要投入大量资源进行培训。这些都会增加企业的运营成本和时间成本。因此，企业需要在引入新技术时充分考虑用户接受度问题，设计简洁易用的操作界面和功能模块，同时制订合理的培训计划和策略，降低用户的学习成本和时间成本。

二、数据安全与隐私保护问题的应对

（一）加强数据加密与访问控制

数据安全是智能化管理会计平台面临的重要挑战之一。为了确保数据的安全性和隐私性，企业需要加强数据加密技术的研究和应用，对数据进行全程加密处理，防止数据在传输和存储过程中被窃取或篡改。同时，企业还需要建立完善的访问控制机制，对用户的访问权限进行严格控制和管理，确保只有授权用户才能访问敏感数据。

（二）完善数据备份与恢复机制

数据备份与恢复是保障数据安全的重要手段。企业需要建立完善的数据备份机制，定期对重要数据进行备份，并确保备份数据的完整性和可用性。同时，企业还需要制订数据恢复计划和策略，在数据丢失或损坏时能够迅速恢复数据，减少损失。

（三）加强数据监控与审计

为了及时发现并处理数据安全事件，企业需要加强数据监控与审计工作。通过建立完善的数据监控机制，企业可以实时监测数据的访问和使用情况，发现异常行为并及时进行处理。同时，企业还需要定期进行数据审计，对数据的完整性、准确性和安全性进行评估和检查，确保数据的合规性和安全性。

（四）提升员工数据安全意识

员工是数据安全的第一道防线。企业需要加强员工的数据安全意识和培训，让员工了解数据安全的重要性和相关法规政策，掌握基本的数据安全操作技能和知识。同时，企业还需要建立完善的数据安全管理制度和流程，规范员工的行为和操作，确保数据的安全性和隐私性。

（五）应对外部攻击与威胁

智能化管理会计平台还可能面临外部攻击和威胁，如黑客攻击、病毒侵入等。为了应对这些挑战，企业需要加强网络安全防护工作，建立完善的防火墙、入侵检测系统等安全设施，防止外部攻击和威胁的侵入。同时，企业还需要加强与外部安全机构的合作和交流，及时获取最新的安全信息和技术支持，提升自身的安全防护能力。

三、人才培养与知识更新需求

（一）加强人才队伍建设

智能化管理会计平台的建设和运营需要一支高素质的人才队伍。企业需要加强人才队伍建设，引进和培养具备会计、信息技术、数据分析等多方面知识和技能的综合型人才。同时，企业还需要建立完善的激励机制和培训体系，激发员工的积极性和创造力，提高员工的专业素养和综合能力。

（二）推动知识更新与共享

随着技术的不断发展和市场的不断变化，智能化管理会计平台所涉及的知识和技能也在不断更新和演变。企业需要推动知识更新与共享工作，建立完善的知识管理体系和分享机制，让员工能够及时获取最新的知识和技能，保持与市场的同步发展。同时，企业还需要鼓励员工进行创新和实践，不断探索新的应用场景和解决方案，推动智能化管理会计平台的持续优化和升级。

（三）加强校企合作与人才培养

校企合作是培养和引进高素质人才的重要途径。企业需要加强与高校和研究机构的合作和交流，共同开展人才培养和科研项目合作。通过校企合作，企业可以引进具备最新知识和技能的人才，同时为员工提供实习和就业机会，实现人才与企业的共同发展。此外，企业还可以通过赞助科研项目、设立奖学金等方式，支持高校和研究机构的发展和研究工作。

（四）建立持续学习机制

持续学习是保持竞争力的关键。企业需要建立持续学习机制，鼓励员工不断学习新知识、新技能和新方法，提高自身的专业素养和综合能力。同时，企业还需要为员工提供多样化的学习资源和渠道，如在线课程、培训讲座、行业交流等，让员工能够根据自身需求和兴趣进行选择和学习。通过持续学习机制的建立和实施，企业可以培养一支具备创新精神和学习能力的团队，为智能化管理会计平台的持续发展提供有力支持。

（五）注重跨领域人才培养

智能化管理会计平台的建设和运营需要跨领域的知识和技能。企业需要注重跨领域人才的培养和引进工作，鼓励员工学习不同领域的知识和技能，提高自身的综合素质和跨界能力。同时，企业还需要加强不同部门之间的沟通和协作，促进知识和技能的交流和共享，推动跨领域创新和应用的发展。

四、法规政策与标准制定的影响

（一）关注法规政策动态

法规政策的变化对智能化管理会计平台的建设和运营产生重要影响。企业需要密切关注相关法规政策的动态和变化，及时了解新政策的要求和限制，确保自身的合规性和合法性。同时，企业还需要加强与政府部门的沟通和协作，积极参与政策制定和修订工作，为智能化管理会计平台的发展争取更多的政策支持和优惠。

（二）加强合规性管理

合规性是智能化管理会计平台建设和运营的基本要求。企业需要加强合规性管理工作，建立完善的合规性管理制度和流程，确保自身的业务操作符合相关法规政策的要求。同时，企业还需要加强对员工的合规性培训和宣传，提高员工的合规意识和操作水平，降低合规风险的发生概率。

（三）参与标准制定工作

标准化是推动智能化管理会计平台发展的重要手段。企业需要积极参与相关标准的制定和修订工作，为行业的标准化和规范化发展贡献力量。通过参与标准制定工作，企业可以了解行业的最新动态和发展趋势，同时提高自身的技术水平和影响力。此外，企业还可以将自身的经验和成果融入标准中，推动行业的共同进步和发展。

（四）应对国际贸易壁垒

随着全球化的加速和国际贸易的不断发展，智能化管理会计平台可能面临国际贸易壁垒的挑战。企业需要了解不同国家和地区的贸易政策和法规要求，确保自身的产品和服务符合相关标准和要求。同时，企业还需要加强与国际同行的合作和交流，共同应对国际贸易壁垒的挑战，推动智能化管理会计平台的全球化发展。

（五）加强知识产权保护

知识产权是智能化管理会计平台的重要资产。企业需要加强知识产权保护工作，建立完善的知识产权管理制度和流程，确保自身的技术成果和商业秘密得到有效保护。同时，企业还需要加强对员工的知识产权培训和宣传，提高员工的知识产权意识和保护能力。在遭遇知识产权侵权时，企业需要及时采取措施进行维权和打击侵权行为。

五、市场竞争与商业模式创新的压力

（一）加强市场调研与竞争分析

市场竞争是智能化管理会计平台面临的重要挑战之一。企业需要加强市场调研和竞争分析工作，了解市场的最新动态和竞争对手的情况，为自身的战略制订和业务发展提供有力支持。通过市场调研和竞争分析，企业可以发现市场的机会和威胁，及时调整自身的业务策略和产品定位，提高自身的市场竞争力。

（二）推动商业模式创新

商业模式创新是推动智能化管理会计平台发展的重要动力。企业需要不断探索新的商业模式和应用场景，为客户提供更加优质、高效的服务和产品。例如，企业可以考虑采用订阅制、按需付费等灵活的收费模式，降低客户的成本门槛和风险；同时，企业还可以考虑与其他行业进行合作和跨界融合，拓展新的市场空间和增长点。

（三）加强品牌建设与市场推广

品牌建设和市场推广是提高企业知名度和影响力的关键。企业需要加强品牌建设和市场推广工作，建立完善的品牌管理体系和营销策略，提高自身的品牌价值和市场份额。通过品牌推广和市场营销活动的开展，企业可以吸引更多的客户和合作伙伴关注和支持自身的产品和服务；同时，还可以提高自身的品牌形象和声誉度，增强客户的信任和忠诚度。

（四）优化成本结构与提高运营效率

成本控制和运营效率是提高企业盈利能力的关键因素。企业需要优化成本结构并提高运营效率，降低自身的运营成本和风险；同时还需要加强供应链管理、库存管理等方面的工作，提高自身的运营效率和响应速度。通过成本控制和运营效率的提升，企业可以提高自身的竞争力和盈利能力，为智能化管理会计平台的持续发展提供有力保障。

（五）加强客户服务与技术支持

客户服务和技术支持是智能化管理会计平台与客户之间的重要桥梁。企业需要加强客户服务和技术支持工作，建立完善的客户服务体系和技术支持团队；为客户提供及时、专业的服务和技术支持。通过优质的客户服务和技术支持，企业能够确保智能化管理会计平台的稳定运行，及时解决客户在使用过程中遇到的问题，提升客户满意度和忠诚度。为此，企业应建立多渠道客户服务系统，包括在线客服、电话支持、邮件咨询等，确保客户能够随时随地获得帮助。同时，企业还应定期对客户进行回访，收集客户反馈，不断优化产品和服务，以满足客户不断变化的需求。

此外，为了提升技术支持的效率，企业需要建立完善的技术支持知识库，整理常见问题及解决方案，为技术支持人员提供快速查询和参考。同时，企业还应加强技术支持人员的培训，提升他们的专业技能和问题解决能力，确保能够迅速响应并解决客户遇到的技术问题。

在加强客户服务与技术支持的过程中，企业还应注重与客户的沟通和互动。通过建立客户社群、举办用户大会等方式，企业可以与客户建立更紧密的联系，了解客户的真实需求和期望，为产品的持续改进和优化提供有力支持。

综上所述，面对技术更新迭代速度带来的挑战、数据安全与隐私保护问题、人才培养与知识更新需求、法规政策与标准制定的影响以及市场竞争与商业模式创新的压力，企业需要采取一系列应对策略。通过加强技术评估与决策、推动知识更新与共享、加强人才队伍建设、关注法规政策动态、加强合规性管理、参与标准制定工作、加强市场调研与竞争分析、推动商业模式创新、加强品牌建设与市场推广、优化成本结构与提高运营效率以及加强客户服务与技术支持等措施，企业可以不断提升智能化管理会计平台的竞争力和市场地位，实现可持续发展。

参考文献

[1] 陈婧超. 管理会计智能化赋能企业高质量发展探讨 [J]. 财会通讯, 2022, (19): 162—166.

[2] 雅睿. 智能化时代财务会计向管理会计转型的策略探讨 [J]. 中国农业会计, 2023, 33 (18): 27—29.

[3] 高海梅, 甘露. 基于财务共享服务的智能化管理会计研究 [J]. 中国总会计师, 2022, (12): 32—35.

[4] 梁宏威. 智能化时代下财务会计向管理会计转型探析 [J]. 中小企业管理与科技, 2022, (23): 177—179.

[5] 王哲. 人工智能时代财务会计向管理会计转型研究 [J]. 中国中小企业, 2022, (12): 122—124.

[6] 赵晶晶. 智能化时代财务会计向管理会计转型研究 [J]. 合作经济与科技, 2024, (02): 146—149.

[7] 杨净雯. 数据驱动下企业智能化管理会计平台研究 [J]. 财会通讯, 2024, (03): 131—136.

[8] 赵佳韵. 数字化、智能化转型背景下企业管理会计工具应用分析 [J]. 时代经贸, 2024, 21 (02): 90—92.

[9] 陶嘉琦. 管理会计智能化赋能企业高质量发展的策略研究

[J]．营销界，2023，（01）：104－106.

[10] 杜晓玲. 智能化时代财务会计向管理会计转型的策略探讨 [J]．现代营销（上旬刊），2023，（03）：4－6.

[11] 刘吉文. 智能科技时代管理会计在企业中的应用研究 [J]．商业会计，2023，（11）：92－95.

[12] 杨斌. 人工智能化时代企业财务会计向管理会计转型探讨 [J]．大众投资指南，2023，（21）：143－145.

[13] 金凌彦. 大数据时代的企业管理会计建设研究 [J]．财会学习，2024，（04）：65－67.

[14] 何颖. 智能化背景下财务会计向管理会计的转型研究 [J]．投资与创业，2024，35（03）：83－85.

[15] 房宁. 管理会计智能化赋能企业高质量发展探讨 [J]．财经界，2023，（21）：99－101.

[16] 王开瑜. 智能技术下管理会计体系构架建设 [J]．老字号品牌营销，2023，（21）：30－32.

[17] 张薇，刘月. 中小企业管理会计服务如何智能化创新 [J]．中国商界，2023，（12）：104－105.

[18] 柯玲巧. 企业财务智能化转型的必要性与优化思路分析 [J]．商讯，2023，（23）：25－28.

[19] 侯剑飞. 管理会计智能化赋能企业高质量发展研究 [J]．金融文坛，2023，（12）：106－108.

[20] 应舒悦. 数字化和智能化背景下财务会计与管理会计融合发展研究 [J]．天津经济，2024，（04）：22－24.

[21] 雅睿. 智能化时代财务会计向管理会计转型的策略探讨

[J]. 中国农业会计，2023，33（18）：27－29.

　　［22］陈婧超. 管理会计智能化赋能企业高质量发展探讨［J］. 财会通讯，2022，（19）：162－166.